HAYMON verlag

W0072136

Gustav Ernst | Karin Fleischanderl

Romane schreiben

Geschichten entwickeln
Figuren zeichnen
Stil finden

MIX
Papier aus verantwor-
tungsvollen Quellen
FSC www.fsc.org **FSC® C014138**

Auflage:
4   3   2   1
2022 2021 2020 2019

© 2019
HAYMON verlag
Innsbruck-Wien
www.haymonverlag.at

ISBN 978-3-7099-3474-6

Buchinnengestaltung nach Entwürfen von himmel.
Studio für Design und Kommunikation, Innsbruck / Scheffau –
www.himmel.co.at
Umschlaggestaltung: Eisele Grafik · Design, München
Umschlagabbildung: shutterstock / Lena Pan
Satz: Da-TeX Gerd Blumenstein, Leipzig

Gedruckt auf umweltfreundlichem,
chlor- und säurefrei gebleichtem Papier.

Inhalt

Vorwort

Immer mehr Menschen verspüren den Wunsch, literarisch zu schreiben. Doch nicht nur Maturanten und Maturantinnen bewerben sich zahlreich um Aufnahme an universitären Schreibkursen[1], auch ältere Semester entschließen sich am Höhepunkt ihrer beruflichen Karriere, nach Familiengründung und Babypausen – mit dem Gefühl: jetzt oder nie –, ihre Geschichten zu erzählen und ihre Erfahrungen literarisch zu verarbeiten. Manche von ihnen haben in ihrer Jugend versucht zu schreiben, ihre Ambitionen jedoch Familie und Karriere geopfert. Nun, in einem gewissen Alter, in einer gewissen Lebenssituation, entdecken sie die Lust am Schreiben wieder.

Die größer gewordene Schreiblust mag auch damit zusammenhängen, dass heutzutage mehr Manuskripte einen Verleger finden als früher. Neue Produktionsmöglichkeiten, Internet und Computer haben zur Gründung einer Vielzahl kleiner und mittelständischer Verlage geführt; die Herstellung von Büchern ist einfacher geworden, neue Kanäle für Werbung und Rezensionen haben sich aufgetan und um heutzutage als Autor anerkannt zu werden und überleben zu können, muss man nicht unbedingt in einem großen renommierten Publikumsverlag veröffentlichen.

Manche möchten einen Bestseller schreiben – ein durchaus legitimer Wunsch –, doch für die meisten angehenden Autoren und Autorinnen steht die Lust am Schreiben im Vordergrund, sie wollen Fähigkeiten erwer-

---

1 Das *Institut für Sprachkunst* an der *Universität für angewandte Kunst* in Wien bietet ein dreijähriges Bachelorstudium an, das *Deutsche Literaturinstitut Leipzig* einen Masterlehrgang „Kreatives Schreiben und Kulturjournalismus". An der *Uni Hildesheim* und der Schweizer *FH Biel* kann man „Literary Writing" studieren.

ben, die es erlauben, Erfahrungen, Erlebnisse, Themen, die ihnen unter den Nägeln brennen, zu literarisch gelungenen Texten zu verarbeiten, die sich zur Veröffentlichung eignen. Je stärker etablierte Verlage die reißbrettartige Konstruktion von Bestsellern zur Erreichung von Megaverkaufszahlen forcieren und somit das eigentliche literarische Terrain verlassen, desto mehr scheint sich ein literarisches Schreibbedürfnis abseits des Bestsellerglamours samt seinem Marktgeschrei und seinen Schreibvorschriften zu entfalten.

Nur wenige angehende Autoren und Autorinnen haben viel Zeit, sie sind eingespannt in Studium, Beruf, Familie. Deshalb wollen sie schnell, gezielt und effizient lernen, ohne Umwege. Doch das ist unmöglich. Sackgassen, Fehlschläge, Verirrungen und Zeitverschwendung sind das Wesen jeder künstlerischen Entwicklung. Ohne sie gelingt nichts. Aber wie man bei der Lehre anderer Künste gesehen hat, können Fehler und Irrwege gelenkt und kontrolliert und somit minimiert werden. Bei Musik und Malerei hat immer schon gegolten, dass das Handwerkliche beherrscht, gelernt und geübt werden kann und muss. Bei der Literatur hingegen war davon lange nicht die Rede, es war sogar verpönt – außer im angelsächsischen Raum (wo *creative writing* seit den Siebzigerjahren des 20. Jahrhunderts gelehrt wird) und in Autorenkreisen, denn wie man in Briefen und Tagebüchern nachlesen kann, haben Autoren immer schon in speziellen Gruppen (mit Kollegen, aber auch mit ihren Lektoren) technische, stilistische und sprachliche Fragen methodisch erörtert. Vor allem aber haben sie viel gelesen, um herauszufinden, mit welchen literarischen Mitteln ihre Kollegen und Kolleginnen Großartiges zustande gebracht haben. Autoren und Autorinnen haben literarische Arbeit immer auch als handwerkliche Arbeit betrachtet, reflektiert und diskutiert. In gewissen Phasen des Schreibprozesses taucht immer wieder die Frage auf: Wie könnte ich es besser machen? Die Frage der Machbarkeit, der handwerklichen Bewältigung eines Stoffes, eines Themas, einer Szene ist ein wesentlicher Aspekt literarischen Schreibens.

Dieser Leitfaden ist ein Bericht aus der Praxis: Er beschäftigt sich mit den Problemen, mit denen angehende Autoren und Autorinnen bei ihren ersten Schreibversuchen kämpfen und die deshalb in Schreibseminaren immer wieder zur Sprache kommen.

2005 haben wir ein solches Schreibseminar, die *Leondinger Akademie für Literatur*[2], gegründet, einen zehnmonatigen, aus acht dreitägigen Wochenendworkshops bestehenden Schreibkurs. Seit damals haben wir viele angehende Autoren und Autorinnen begleitet und jede Menge Erfahrung gesammelt.

Der Leitfaden entspringt unserem Wunsch, die Erfahrung weiterzugeben, sowie dem Wunsch der Workshop-Teilnehmer und -Teilnehmerinnen, Grundsätzliches zum literarischen Schreiben nicht nur zu diskutieren, sondern auch nachlesen zu können.

Tatsächlich gibt es jede Menge Lehrbücher aus den USA, die sich sehr an den Kriterien des *creative writing* und an den Anforderungen des amerikanischen Belletristikmarktes orientieren, doch so gut wie keine praktisch orientierten Ratgeber, die auf die Bedürfnisse angehender Autoren und Autorinnen im deutschsprachigen Raum eingehen.

Die Lektüre dieses Leitfadens ersetzt allerdings auf keinen Fall systematische Textarbeit und Übung. Er ist ein Ratgeber für den Einstieg ins literarische Schreiben

---

2   *https://www.literatur-akademie.at*

und fordert dazu auf, die eigenen Texte an den hier formulierten Ansprüchen zu messen.

Uns ist allerdings bewusst, dass handwerkliche Fähigkeiten allein nicht ausreichen, um ein gutes Buch zu schreiben. Dafür braucht man zündende Ideen und kreatives Feuer, vor allem aber auch Ausdauer, psychische Robustheit, ein Übermaß an Phantasie und nicht nur literarisches und künstlerisches Interesse, sondern vor allem Begeisterung für die literarische Arbeit und eine unbändige Lust zu schreiben. Es reicht auch nicht, bloß die hier formulierten Gesetze und Regeln zu beachten, sondern man muss vor allem schreiben – viel schreiben – und die Texte einem möglichst professionellen Feedback unterwerfen, wenn möglich dem Feedback erfahrener Autoren, die in ihrer langjährigen Praxis die Fähigkeit erworben haben, knifflige literarische Probleme qualifiziert zu erörtern.

Und vor allem sollte man viel lesen!

Außerdem ist uns bewusst, dass sich die Welt der Literatur mit ihrem Formenreichtum in einem Leitfaden nicht erschöpfend behandeln lässt. Gerade in der Moderne haben Autoren und Autorinnen die überlieferten handwerklichen Regeln des narrativen Schreibens modifiziert, gebrochen oder auch schlichtweg ignoriert. Die Werke einer Elfriede Jelinek oder eines Peter Handke lassen sich gewiss nicht immer daran messen, ob z. B. die Grundsätze der Dramaturgie befolgt wurden oder nicht. Für jede in diesem Leitfaden formulierte Regel lässt sich wahrscheinlich ein Beispiel finden, das beweist, dass auch die Ausnahme von dieser Regel hervorragend funktioniert.

Wir haben in diesem Leitfaden die Grundlagen des narrativen Schreibens formuliert, um so angehenden Autoren ihre ersten Gehversuche beim Erzählen von Geschichten zu erleichtern, und um auf diese Weise auch eine – nicht streng literaturwissenschaftliche – Metasprache zu liefern, die es ermöglicht, sich professionell über Texte zu unterhalten.

Mit diesem Buch wollen wir angehende Autoren und Autorinnen ermuntern, sich mit den Grundlagen und Normen des Schreibens auseinanderzusetzen, sie sich anzueignen, sie in der Schreibpraxis zu überprüfen und anzuwenden, um sie in der Folge auch produktiv überschreiten zu können.

Karin Fleischanderl und Gustav Ernst

Autorenschaft

Der Alltag nahezu aller, die im Erwachsenenalter aufgrund eines plötzlichen Interesses Literatur schreiben oder ihre bisherige Schreibtätigkeit professionalisieren wollen, steht ganz im Zeichen von Familie, Studium oder Beruf. Trotzdem möchten sie mitunter einen Roman schreiben oder einen bereits begonnenen Roman beenden. Das bedeutet, dass sie in ihrem stressigen Alltag Zeit erübrigen müssen, um die intensive Arbeit an einem Roman effektiv vorantreiben zu können – dieses Problem kennen allerdings auch hauptberufliche Autoren. Auch sie haben zuweilen Familie samt den dazugehörigen Verpflichtungen und gehen Tätigkeiten nach, die notwendig sind, um Geld zu verdienen: Lesereisen, Workshops, Verfassen von Beiträgen für Rundfunk und Presse.

Die wenigsten Autoren können vom Schreiben allein leben. Bei einer durchschnittlichen Auflage von 2.000 bis 5.000 Stück (in einem österreichischen Verlag) verdient ein Autor ungefähr 4.000 bis 10.000 Euro – und das auch nur alle zwei Jahre, sofern es ihm überhaupt gelingt, alle zwei Jahre einen Roman zu veröffentlichen. Die meisten Autoren sind daher auf Einnahmen aus zusätzlichen Tätigkeiten angewiesen.

Professionelle Autoren haben allerdings den Vorteil, dass sie bereits mehr oder weniger stabil im Autorenleben Fuß gefasst haben. Ihre wesentliche Arbeit besteht darin, Literatur zu schreiben, etwa einen Roman zu konzipieren und auszuführen. Das heißt, sie haben die dafür notwendige, mühevolle innere und äußere Entwicklung zumindest einmal erfolgreich hinter sich gebracht. Sie wollten Autoren werden und haben alles getan, um es auch zu werden. Dieses Selbstverständnis hilft dabei, den Alltag den Erfordernissen des Autorenlebens anzupassen. Einem professionellen Autor fällt es leichter, seinen Alltag so zu organisieren, dass er Zeit zum Schreiben findet, als zum Beispiel einem Lehrer oder Physiotherapeuten. Das bedeutet, dass alle, die schreiben möchten, neben ihrem beruflichen Selbstverständnis auch ein Selbstverständnis als Autor entwickeln müssen.

Damit ist allerdings nicht gemeint, dass man sich mit der Zeit automatisch als Autor fühlt oder dass man sich nach 100 Seiten Text mit Fug und Recht als solcher bezeichnen und präsentieren darf. Man muss sich vielmehr bewusst machen, welche Voraussetzungen und Umstände für die Autorenschaft notwendig sind und diese auch bewusst herzustellen versuchen. Wie bei jeder Berufsausbildung muss man sich die Frage stellen: Was muss ich wissen und können, um diese Tätigkeit auszuüben, und wie beschaffe ich mir dieses Wissen und Können? Wie funktioniert dieses Handwerk, in welchem Raum, in welcher Situation kann ich es ausüben und wie kann ich üben, um es zu beherrschen? Ein wichtiger Schritt in diese Richtung ist zum Beispiel die Entscheidung, fachmännische Ratschläge einzuholen, etwa in Form von Büchern über das Schreiben, in Form von Schreibworkshops oder Gesprächen mit erfahrenen Autoren und Autorinnen.

Aber es gibt nicht nur äußere Probleme und Hindernisse, sondern auch innere wie Hemmungen, Kleinmütigkeit, Minderwertigkeitsgefühle, geheime Absichten, Motive, Affekte, Obsessionen, Vorlieben. Im Laufe des Schreibens werden manche davon ans Licht drängen und im Text mehr oder minder prominent berücksichtigt werden wollen. Man darf sie jedoch nicht einfach in den Text hineinlassen. Man muss ihre Bedeutung für den Text überprüfen und abwägen. Und falls man sie doch hineinlässt, muss man eine angemessene literarische Form für sie finden.

Der Autor sollte sich seiner Motive bewusst sein. Sie müssen nach reiflicher Überlegung entweder sinnvoll eingesetzt oder unter Kontrolle gehalten werden. Sie sollen die literarische Arbeit nicht stören, den Autor nicht ablenken und sich nicht heimlich Eingang in den Text verschaffen und dort unbeabsichtigte Bedeutungen oder Wendungen hervorrufen. Soll ein Roman zum Beispiel nur aus dem Grund geschrieben werden, um nach einer (in der außerliterarischen Wirklichkeit erfolgten) Scheidung dem ehemaligen Partner am Zeug zu flicken oder möchte der Autor sich aufgrund seiner vermeintlich verpfuschten Kindheit an seinen Eltern rächen, wird es ihm kaum gelingen, der komplexen Wirklichkeit Rechnung zu tragen, beziehungsweise die in einem Roman erforderliche **erzählerische Gerechtigkeit** herzustellen.[3]

Aus diesem Grund muss der Autor sich ständig im Auge behalten, sich argwöhnisch beobachten, um nicht aufgrund unterdrückter oder nicht beachteter Affekte und Neigungen unliebsame Überraschungen im Text zu erleben.

Unerlässlich ist der absolute Wille, schreiben zu wollen und das damit verbundene Interesse, herausfinden zu wollen, wie andere literarische Autoren und Autorinnen schreiben und geschrieben haben. Durch intensives **Lesen** vergrößert und vertieft man nicht nur das Wissen darüber, welche Schreibweisen und literarische Gestaltungsmöglichkeiten es bereits gibt, sondern man vergrößert

---

3   siehe dazu S. 79

und vertieft auch die eigenen Fähigkeiten, eine eigene Sprache und eigene Erzählformen zu entwickeln. Indem man die Fähigkeiten der anderen studiert, nachvollzieht und lesend in sich aufnimmt, bildet man eigene Fähigkeiten aus. Man modifiziert, korrigiert, bereichert sein bisheriges Sprach- und Gestaltungsvermögen. Allerdings nicht nur lesend, sondern gleichzeitig auch schreibend, indem man konkret ausprobiert, was man bei der Lektüre gelernt hat, wozu man durch sie angeregt und ermuntert wurde.

Schreiben ist am Anfang immer ein **Schreibeinübungsprozess,** ein methodisches Aneignungsverfahren, ein **Prozess des Suchens,** um die eigenen Sprach- und Erzählmöglichkeiten zu finden, ein Ausprobieren, um zu erfahren: Was kann ich am besten? Wie kann ich den Text besser machen? Wann stellt sich das Gefühl ein, eine Situation treffend beschrieben, eine Abfolge von Ereignissen spannend erzählt zu haben? Dabei sollte man mit Geduld und Ausdauer zu Werke gehen und sich immer vor Augen halten, dass Gott die Welt nicht an einem Tag erschaffen hat. Man sollte die Schreibarbeit als einen Prozess verstehen, der wie jeder Prozess Fortschritte und Rückschritte beinhaltet, Momente der Frustration, der Mutlosigkeit, der Verzweiflung, aber auch der Freude, wenn ein Satz, eine Erzählung unter vielen Mühen gelungen ist. Dieses Gelingen ist das Ergebnis von Arbeit, von Versuch und Irrtum und neuerlichem Versuch. Genau dazu muss man als Autor bereit sein. Darauf muss man sich einstellen. Diesen Prozess muss man unerschrocken und selbstbewusst in Angriff nehmen wollen und offensiv und hartnäckig vorantreiben. Das heißt: Viel lesen, viel schreiben und, unbeeindruckt von Rückschlägen, kühn seine Fähigkeiten ausbilden wollen. Nur so geht es! Ein guter Text steht immer erst am Ende eines Prozesses, nie am Anfang.

Der Autor sollte also **prozessfähig** sein, sich **Kontinu-ität** und **Ausdauer** verordnen, er sollte regelmäßige Schreibzeiten fixieren, einhalten und einen gleichblei-benden Schreibort aufsuchen. Im Trubel der alltägli-chen Tätigkeiten und Verpflichtungen ist das zugegeben schwierig. Umso wichtiger ist es, sich genau zu überlegen, wann man am besten schreiben und sich genügend freie Zeit verschaffen kann, um mit einiger Regelmäßigkeit ungestört an seinen Texten arbeiten zu können. Beson-ders bei einem größeren Projekt wie einem Roman ist Regelmäßigkeit das Um und Auf. Außerdem sollte man herausfinden, welche Vorbereitungen und Rituale man braucht, um am besten mit dem Schreiben beginnen zu können, um sich einzustimmen, sich wieder in den Text hineinzubegeben, sich die nötige Schreibkonzentration zu verschaffen. Und wie lange man sie aufrechterhalten kann. Wie man Störungen vermeidet und wie man damit umgeht, wenn es an einem Tag nicht so gut läuft. Und wie lange man das Schreiben unterbrechen darf, ohne den Arbeits- und Textzusammenhang zu verlieren. Alle diese Erfahrungen sollte man als Autor bewusst suchen. Sich als Autor zu erschaffen, heißt eben auch, mehr über sich selbst, über die eigenen Schreibbedingungen, die innere Verfasstheit beim Schreiben, über die eigenen Gefühle, Ängste, Blockaden in Erfahrung zu bringen und heraus-zufinden, wann und aus welchem Grund sie auftreten und wie sie zu bewältigen sind. Jeder Autor macht an-dere Erfahrungen mit sich und entwickelt andere Me-thoden, mit etwaigen Problemen fertig zu werden. Aber man muss ihnen bewusst ins Auge sehen. Das auf diese Weise erzeugte Gefühl, weitgehend Herr seiner Tätigkeit zu sein, stärkt das Selbstbewusstsein als Autor, das man unbedingt braucht und das während des Schreibens oft genug auf die Probe gestellt wird.

Wie lange man an einem Text sitzen muss, bis er den Erwartungen entspricht, tut nichts zur Sache. Die **Effizienz** beim Schreiben ist der Effizienz, die man von anderen, nichtkünstlerischen Arbeiten kennt, radikal entgegengesetzt. Mit dieser Tatsache muss man sich am Anfang der Schreibtätigkeit oft erst mühsam anfreunden. Aus Alltag und Berufsleben ist man gewohnt, eine in Auftrag gegebene Arbeit bis zu einem genau festgelegten Zeitpunkt fertiggestellt zu haben. Das wird vom Auftraggeber erwartet. Man erwartet es auch selbst. Man hält es für selbstverständlich und liefert auch pünktlich zum festgesetzten Termin. In der Kunst ist es anders. Es ist ungewiss, wie lange man braucht, um einen Roman mit all seinen Unwägbarkeiten zu schreiben. Allen Plänen und Konzepten zum Trotz ist der konkrete Arbeitsverlauf beim Schreiben nicht genau planbar und sein Ende daher auch nicht genau festlegbar. Das bedeutet für den Autor, dass man zwar einen Termin anpeilen kann, zu dem man mit dem Roman fertig sein möchte – und mitunter ist es auch gut, einen Termin anzupeilen, um die Arbeitsmoral aufrechtzuerhalten und sich nicht zu vertrödeln –, dass man sich aber keineswegs zwingen darf, ihn auch unbedingt einzuhalten! Als Autor sollte man sich sagen: „Ich darf mich nicht hetzen lassen und will mich auch selbst nicht hetzen!" Die Aufmerksamkeit sollte der Arbeit am Text gelten, nicht dem Termin. Erfahrenen Autoren, die ihre Mittel gut kennen und imstande sind, deren Einsatz effizient zu steuern, gelingt es natürlich, Abgabetermine einzuhalten. Doch meistens überziehen auch sie. Für den angehenden Autor ist es deshalb unumgänglich, sich vom üblichen wirtschaftlichen Effizienzbegriff zu verabschieden, den man aus der Lohnarbeit kennt und den man sich aus ökonomischen Gründen angeeignet hat. Oft genug wird man sich gegen die drängenden Fragen der Freunde, der Familie, mitunter auch eines Verlags oder einer Zeitschrift zur Wehr setzen müssen: Wie lange brauchst du noch? Wann ist dein Roman endlich fertig? Hast du nicht gesagt, morgen?

Allzu häufig ist jedoch das Gegenteil der Fall: Fürs Erste warten kein Verlag und keine Zeitschrift auf den Text. Zum Schreiben und vor allem zum Weiterschreiben muss man sich also selbst motivieren. Aus besagtem Grund ist diese **Selbstmotivation** oft aber nicht so leicht herzustellen. Der Alltag bietet jede Möglichkeit, auszuscheren, sich abzulenken, anderes wichtiger zu nehmen. Oft äußern Autoren die resignierte Frage: „Zahlt es sich überhaupt aus, zu den Tausenden Büchern, die ich in einer Buchhandlung sehe, noch eines hinzuzufügen? Warum sollen die Leser ausgerechnet mein Buch lesen?" Eine gute und berechtigte Frage, die man aber, will man wirklich Autor werden, mit einer durchaus erlaubten und auch notwendigen **Überheblichkeit** und einem gewissen Maß an **Größenwahn** beantworten muss: Ich schreibe meinen Roman, weil ich ihn schreiben muss. Auch wenn es Millionen Romane gibt, mein Roman wird außergewöhnlich und der beste sein!

Als angehender Autor, als angehende Autorin muss man unbedingt eine Fähigkeit erwerben: **Kritik** zu ertragen und sie produktiv zu machen. Kritik ist fürs Erste immer eine Kränkung. Für Anfänger und für Meister. Es steht einem auch zu, sich gekränkt zu fühlen. Und man sollte die Kränkung ordentlich auf sich wirken lassen. Sie ist ein Motivationsschub. Es kommt einzig und allein darauf an, wie man mit Kritik umgeht. Die meisten Anfänger blocken zunächst einmal ab und verteidigen ihren Text. Sie wollen jede Debatte verhindern. Sie lassen keine Kritik zu. Sie fühlen sich persönlich angegriffen. Der Text hat so zu bleiben, wie er ist, und Punkt. Als Anfänger hat man noch zu wenig Erfahrung damit, einen einmal zu Papier gebrachten Text auseinanderzunehmen, umzuschreiben, zu korrigieren und dann wieder zusammenzufügen. Man denkt: Ich kann nur auf diese Weise schreiben, das ist meine Kunst, die lasse ich mir nicht nehmen. Man fürchtet: Wenn der Text nichts wert ist, bin auch ich nichts wert.

Doch Kritik ist eine wesentliche Korrektur- und Kontrollinstanz und eine unerlässliche Hilfe, literarische Fähigkeiten weiterzuentwickeln und produktiv zu entfalten. Man zwingt sich, die vorgebrachten Argumente und Einwände möglichst distanziert und emotionslos zu bedenken; man prüft, ob sie gerechtfertigt sind oder ob sie vielleicht doch der eigenen Absicht widersprechen und eventuell aus einem anderen, nicht zum Text passenden Blickwinkel vorgebracht wurden. Mit dieser Prüfung sollte man sich Zeit lassen, vielleicht einmal darüber schlafen und eine zweite Meinung einholen. Kritik signalisiert oft, dass etwas am Text nicht stimmt, vielleicht nicht genau das, was der Kritiker auszuführen und zu benennen versucht hat. Aber vielleicht etwas anderes, das man mithilfe einer genauen Analyse früher oder später herausfinden kann. Oft spricht der Kritiker auch eine Stelle an, bei der man selbst unsicher ist und ahnt, dass etwas nicht stimmt, ohne es sich eingestehen zu wollen oder zu können.

Es lohnt immer, sich mit Kritik auseinanderzusetzen. Man lernt viel über den eigenen Text und über das eigene Verhältnis zum Text. Wichtig dabei ist, Autor und Text getrennt zu halten, also sich und seine Fähigkeiten nicht völlig mit der vorliegenden Fassung des Textes zu identifizieren. Man darf nicht denken: „Ich bin ein schlechter

Autor." Man muss sich vielmehr damit abfinden, dass die kritisierte Fassung noch nicht so ist, wie sie sein könnte. Sie hat ausgedient und wandert zu den Entwürfen. Man sollte sich vielmehr klarmachen, dass man selbstverständlich in der Lage ist, jederzeit eine weitere, bessere Fassung herzustellen. Mit einem Wort: Man kann viel mehr, als diese Fassung – eine Zwischenfassung! – zeigt. Das hilft dabei, die Kränkung im Zaum zu halten. Denn nicht der Autor ist kritisiert worden, sondern der Text. Der Autor sollte sich denken: „Nicht ich bin ein schlechter Autor, der Text ist schlecht. Ich bin allerdings dazu aufgefordert worden, ihn neu zu schreiben."

Mit der Fähigkeit, Kritik zu verkraften und produktiv einzusetzen, eignet man sich die Fähigkeit an, sich vom Text emotional zu lösen, ihn zu objektivieren und distanziert zu betrachten wie einen fremden Text. Die Angst vor Kritik zwingt den Autor – sofern er sich als guter Autor retten möchte – zu einer Emsigkeit und Genauigkeit beim Eruieren von Fehlern und Mängeln, sie schult ihn, selbst Mängel und Fehler zu entdecken. Was allerdings nicht heißt, dass ein fremder Blick dadurch völlig unnötig würde.

Der literarische Blick, die literarische Sprache

Literatur ist ein komplexes, ästhetisch anspruchsvolles Gebilde, Literatur ist wie jede Kunst höchste Form. Literatur ist mitunter schwierig zu rezipieren. Sie gibt nicht nur inhaltlich, sondern auch formal Rätsel auf, deren Entschlüsselung dem Leser Genuss bereitet.

Wenn man sich vornimmt, eine Geschichte so zu erzählen, dass sie den Gesetzen des Mediums Literatur entspricht, entscheidet man sich dagegen, sie in banalen, alltäglichen Worten oder so zu erzählen, wie ein Journalist sie unter Umständen erzählen würde. (Womit allerdings nicht gesagt sein soll, dass alltägliche oder journalistische Erzählungen keinesfalls literarische Qualitäten aufweisen können.)

Wenn man sich vornimmt, literarisch zu schreiben, möchte man ein Werk verfassen, das schöner, gültiger, aussagekräftiger, überraschender, spannender usw. ist als der Alltags- oder der Mediendiskurs. Dafür notwendig ist eine spezielle, eben eine literarische Sprache. Um von der alltäglichen auf die literarische Berichterstattung umzuschalten, bedarf es eines speziellen Blicks und einer speziellen Methode. Sowohl in Bezug auf das außerliterarische Material, das man bearbeiten möchte, als auch in Bezug auf das sprachliche Material, das Ausdrucksmittel der Literatur, begibt man sich in einen anderen **Wahrnehmungsmodus** als im Alltag. Man legt gewissermaßen einen Schalter um.

Diese Methode – die literarische Arbeit – besteht im Wesentlichen in einer **speziellen Wahrnehmung**, im **Auswählen** und im **Neu-Organisieren** des Wahrgenommenen.

Eine literarisch beschriebene Szene besteht aus konkreten **Details.** Jedes Detail vermittelt eine Information. Jede dieser Informationen sagt etwas Bestimmtes über eben diese Szene aus, in der Summe ergeben sie eine schlüssige und anschauliche Auskunft über das beschriebene Ereignis.

Für gewöhnlich fällt einem gleich zu Beginn eine Unmenge an Details ein. Und falls man die Szene, die man beschreiben möchte, vielleicht sogar selbst erlebt oder gesehen hat, gibt es womöglich ein noch größeres Angebot an Einzelheiten. Aber nicht alle sind für die Darstellung der Szene sinnvoll und brauchbar. Man muss eine Auswahl treffen. Aber welche?

Eine erste sinnvolle Übung, um diese Methode auszuprobieren, besteht darin, einen **Blick aus dem Fenster** zu werfen: Man versucht, in auktorialer Erzählweise[4] objektiv und neutral zu beschreiben, was man draußen vor dem Fenster sehen und beobachten kann. Dabei wählt man bewusst nicht die Ich-Perspektive, weil diese dazu verführen könnte, objektive Fakten durch subjektive Wahrnehmungen zu ersetzen. Es soll vielmehr ausschließlich beschrieben werden, was draußen zu sehen ist bzw. was sich draußen tut.

Im zweiten Stock im Haus gegenüber wird ein Fenster geöffnet. Eine junge Frau schaut heraus. Sie trägt ein rotes T-Shirt. Sie fährt sich mehrmals mit beiden Händen durchs Haar und blickt die Straße hinauf. Unter ihr tritt ein Mann mit einer Aktentasche

---

4   zur Perspektive siehe S. 99 ff.

unter dem Arm aus dem Haustor. Er überquert die
Fahrbahn und stellt sich zur Straßenbahnhaltestelle.
Die Bäckerei an der Ecke ist geschlossen. Ein junger
Mann beugt sich abrupt über einen Kinderwagen.
Vor der Tür eines Handy-Ladens steht eine Frau und
raucht. Daneben ist der Gehsteig aufgegraben. Rund-
herum ist ein Absperrgitter aufgestellt. Ein Arbeiter
steht in der Grube und schaufelt Erde heraus. Kurz
spiegelt sich die Sonne in der Windschutzscheibe ei-
nes Taxis, das in die Seitengasse abbiegt. Der Mann
an der Haltestelle schnäuzt sich. Er geht zur Bank
im Wartehäuschen, legt seine Aktentasche hin, setzt
sich und putzt sich die Nase. Mit Blaulicht und Sirene
rast eine Ambulanz hinter ihm vorbei. Er schaut ihr
nach. Dabei fällt ihm das Taschentuch aus der Hand.

Die nächste Übung könnte darin bestehen, einen **Auffahr-
unfall** zu beschreiben: Ein Auto ist an einer Kreuzung bei
Rot stehen geblieben, ein anderes ist ihm hinten hineingekracht. Welche Details sind wichtig, welche nicht?

Von Beginn an sollte man sich vor Augen halten, dass die
Erinnerungen an den Unfall, sofern man ihn selbst erlebt
hat, für eine literarische Darstellung meist nicht ausreichen. Nicht alle Details der Wirklichkeit sind eins zu eins
für eine literarische Umsetzung geeignet. Meistens liefert
die Erinnerung auch nicht genug Material. Außerdem hat
der eigene Blick im Augenblick des Erlebnisses für eine
bestimmte Auswahl gesorgt, man war aufgeregt, man
war parteiisch, man hat nur das gesehen, was man sehen
wollte. Unter Umständen hält die erlebte Szene auch noch
andere Details bereit, die man in dem Augenblick, in dem
das hintere Auto in das vordere hineingekracht ist, gar
nicht wahrgenommen hat.

Um die Geschichte literarisch interessant zu gestalten, muss man einerseits Details und Beobachtungen **weglassen**, andererseits welche **hinzufügen** und **hinzuerfinden** und sie an die Erfordernisse des zu Erzählenden **anpassen**. Man muss das Erlebnis in Einzelheiten zerlegen, diese im Sinne der Handlung und der erforderlichen Erzählstruktur einsetzen und neu zusammenfügen. Der Verweis auf das wirklich Erlebte – „Genauso war es doch!" – ist falsch und führt in die Irre. Es kommt nicht darauf an, ob in Wirklichkeit ein Polizist zufällig vorbeigekommen ist. Er kommt darauf an, ob der zufällig vorbeikommende Polizist in die Geschichte passt und dort Sinn macht. Eine wirklich erlebte Geschichte mit ihren realen Details lässt sich höchstens im privaten Rahmen Freunden erzählen. Doch selbst der talentierte Alltagserzähler, der am Wirtshaustisch seine Freunde unterhalten will, wählt aus, spitzt zu, setzt Betonungen, übertreibt, erfindet gar. Um eine Geschichte literarisch zu erzählen, muss man sich von der Wirklichkeitstreue verabschieden und sich einer anderen Gesetzgebung, jener der Literatur, unterwerfen.

Wirklichkeit und Literatur sind zwei verschiedene Medien. Und jedes Medium hat eigene Regeln. Man kann sie dehnen, biegen und mitunter auch brechen, darf sie aber nicht negieren.

Aus dem subjektiv Erlebten, das höchstens dem Erzähler und eventuell Verwandten und Freunden verständlich ist, muss ein objektiv Erlebbares erzeugt werden, das möglichst vielen Personen verständlich ist. Dazwischen liegt die literarische Arbeit, die sich spezieller Methoden und Werkzeuge bedient. Das Leben schreibt keine Romane. Schriftsteller schreiben Romane. Das Leben liefert höchstens ein bisschen Stoff.

In diesem Augenblick kommt die **Absicht** ins Spiel. Man muss sich entscheiden, unter welchem Aspekt und mit welchem Ziel man etwas beschreiben möchte, und die Details in Bezug darauf auswählen. Möchte man von der Reaktion der Schaulustigen erzählen oder vom Eintreffen der Polizei und ihrer Amtshandlung? Nein, man möchte von der Reaktion der beiden Fahrer erzählen. Wenn die beiden aussteigen, den Schaden begutachten und anschließend in aller Ruhe ihre Versicherungsformulare ausfüllen, ist das allerdings nicht interessant genug, um erzählt zu werden. Das ist alltäglich. Es muss schon irgendetwas außerhalb der Norm, etwas Spezielles passieren, damit es sich lohnt, davon zu erzählen.

Das Normale und Gewöhnliche ist auch für den Leser meist uninteressant.

Interessant könnte allerdings auch sein, das Gewöhnliche auf ungewöhnliche Art und Weise beziehungsweise aus einer ungewöhnlichen Perspektive zu erzählen. Fürs Erste soll die Geschichte jedoch unter dem Aspekt erzählt werden, dass Menschen in heiklen Alltagssituationen immer aggressiver werden: Die beiden Fahrer steigen aus und beginnen zu raufen. Steigerung: Ein paar Schaulustige raufen mit. Das könnte für den Leser interessant sein.

Jetzt muss man **Details** auswählen. Aber welche?

Die Farbe der Autos ist unwichtig – außer man braucht sie als Auslöser für Aggressionen. Auch, dass es für die Jahreszeit ungewöhnlich warm ist, ist unwichtig – außer man braucht die Hitze als Atmosphäre, in der Emotionen leicht hochkochen. Auch welche Frisur die beiden haben, ist unwichtig – außer sie spielt beim Raufen oder zur Charakterisierung der Personen eine Rolle.

Details sind nur dann interessant, wenn sie der Handlung, dem Thema, den Figuren, der Atmosphäre der Erzählung dienen.

Bevor man die Szene schreibt, muss man sich die Frage stellen: Wer sind die handelnden Personen? Zwei Männer? Ein Mann und eine Frau? Bezüglich ihrer Charakterisierung, von der die Handlung abhängt, muss man sich entscheiden: Ist nur eine Person aggressiv oder beide? Wie kann man am besten ihre Wut zeigen? Stürzen sie gleich aufeinander los? Gleichzeitig? Wer zuerst? Reden sie davor noch miteinander? Beschimpfen sie einander? Gibt es Vorwürfe, Drohungen? Was genau sagen sie?

Um das Interesse des Lesers für diese Szene zu wecken, muss man möglichst viele **konkrete** Details aufbieten. Keinesfalls sollte man schreiben:

> *Die beiden beginnen heftig zu streiten und beschimpfen einander wüst.*

Man führt vielmehr detailliert und konkret vor, was genau sie sagen, etwa indem man ihnen (zwei Männern) einen Dialog in den Mund legt:

> – *Haben Sie keine Augen im Kopf?*
> – *Wenn Sie so abrupt abbremsen!*
> – *Was heißt „abrupt"? Wenn es rot ist, muss ich bremsen, oder?*
> – *Ausrollen! Schon was von Ausrollen gehört? Ist doch genug Platz bis zum Zebrastreifen!*

- *Und Sie! Haben Sie schon was von Abstandhalten gehört? Oder soll ich es Ihnen aufzeichnen!*
- *Wissen Sie, was Sie sollen? Luft anhalten und abhauen!*
- *Jetzt ruf ich die Polizei!*
- *Dass diese Looser mit ihren Scheißkübeln immer gleich die Polizei rufen müssen!*
- *Ich rede doch nicht mit jedem Arschloch! Das soll die Polizei machen. Die ist Arschlöcher gewöhnt.*
- *Ich kann Ihnen aber auch gern ein paar auf die Goschen geben! Dann können Sie die Rettung auch gleich mit anrufen!*
- *Wenn Sie den Sommer unbedingt in der Rehab für Hirntote verbringen wollen, bitte!*
- *Etc.*

Man schreibt keinesfalls:

Jetzt raufen sie.

Man überlegt vielmehr, wer schlägt als erster zu und womit. Man schreibt nicht:

Sie schlägt mit einem Gegenstand auf ihn ein.

sondern:

Sie schlägt mit dem Stöckelschuh auf ihn ein.

Man versucht, die Szene möglichst genau, eventuell auch in Form grotesker Übertreibungen zu beschreiben, man führt zum Beispiel vor, wie die beiden versuchen, einander in den Schwitzkasten zu nehmen, oder wie sie einander die Kleider zerreißen.

Solange man **auktorial**[5] erzählt, verbietet man sich **Kommentare** und **Interpretationen**. Man schreibt nicht:

So eine unschöne Szene!

oder:

Wieso können die beiden sich nicht beherrschen?

oder:

Lächerlich, sich wegen eines Blechschadens so aufzuführen!

Der Leser soll sehen, dass die beiden sich nicht beherrschen können und dass sie sich wegen eines lächerlichen Blechschadens so aufführen. Er soll sich selbst ein Urteil bilden und aufgrund der vom Autor gelieferten Details das Gefühl haben, einer unschönen Szene beizuwohnen. Dazu muss man ihn instand setzen. Er soll unmittelbar an der Szene teilhaben, indem man seinen Blick auf Details und Einzelheiten lenkt. Man soll ihn nicht bevormunden. Den entsprechenden Satz *So eine unschöne Szene!* soll er selbst denken – oder auch nicht – und zu diesem Zweck baut man die lächerliche und unschöne Szene mittels genauer, konkreter und im Grunde neutraler Details vor ihm auf.

Der Autor soll den Leser nicht bevormunden, indem er ihm die Interpretation einer Situation mitliefert. Er soll ihn allenfalls mithilfe entsprechender Details zu seiner eigenen Sichtweise überreden, nicht aber dazu zwingen.

---

5   zur Perspektive siehe S. 99 ff.

Aus demselben Grund verbietet man sich gewisse **Eigenschaftswörter,** obwohl man sich mit deren Hilfe die Arbeit der Beschreibung weitgehend ersparen könnte. Man schreibt nicht (falls es ein Mann und eine Frau sind):

Er ist brutal.

oder:

Sie ist hinterfotzig.

Man versucht vielmehr zu zeigen, worin seine Brutalität – *er gibt ihr einen Rempler* – oder ihre Hinterfotzigkeit besteht:

Sie tritt ihn, nachdem er gestolpert und hingefallen ist, mehrmals in die Rippen.

Auf diese Weise vermeidet man **leere Behauptungen.** Vielleicht empfindet es ja nur der Autor als hinterfotzig, wenn sie ihn in die Rippen tritt, nachdem er gestolpert und hingefallen ist, nicht aber der Leser. Möglicherweise empfindet er den Tritt in die Rippen als gerechtfertigt, dieses Risiko muss der Autor auf sich nehmen.

Der Autor muss Vertrauen in die eigene Schilderung haben. Er muss überzeugt sein, dass sie wirkt und den von ihm gewünschten Eindruck erzeugt. Wenn der Autor glaubt, noch unbedingt mit Kommentaren, Interpretationen und eindeutigen Eigenschaftswörtern nachhelfen zu müssen, damit der Leser die Szene in seinem Sinne versteht, hat er versagt und muss die Schilderung noch einmal schreiben.

Man verbietet sich auch **ironische Bemerkungen, Witze** und **Bonmots.** Diese sind am Wirtshaustisch und im Kabarett besser aufgehoben als in der Literatur. Man schreibt nicht über einen der Raufenden:

> *Seine Frisur war das Meisterwerk eines Friseurs aus Simmering.*

Damit weist man nämlich vor allem auf sich selbst und den eigenen Wunsch hin, ironisch sein zu wollen. Man drängt sich als Autor in den Vordergrund, weist auf seine erzählerische Haltung hin, anstatt eine Wirklichkeit zu beschreiben. Vielleicht spürt man aber auch instinktiv, dass ein gewisser Sachverhalt, eine gewisse Beobachtung (die Frisur des Raufenden) gar nicht so interessant, sondern banal ist, und versucht sie auf diese Weise, weil man aus irgendwelchen Gründen nicht auf sie verzichten will, ironisch aufzupeppen.

Auch Witze, ironische Bemerkungen und Bonmots sind eine Form von Kommentar, erpressen den Leser und legen ihn auf eine ganz bestimmte Reaktion fest, zwingen ihn zu einem Lacher, obwohl das Material des Witzes oder des Bonmots unter Umständen auch eine ganz andere Reaktion zuließe.

Kommentare und Behauptungen schieben sich wichtigtuerisch zwischen Autor und Leser, drängen ihm eine Sichtweise auf, präformieren und verkürzen seine Wahrnehmung, nehmen ihm die Möglichkeit, selbst zu denken und zu empfinden. Doch für den Leser ist die gezeigte Wirklichkeit interessant, nicht das, was sich der Autor dazu denkt.

An dieser Stelle erhebt sich eine berechtigte Frage: So-lange man objektiv auktorial erzählt, sind subjektive Anmerkungen, Kommentare und Interpretationen natürlich verpönt. Was jedoch ist, wenn man in der **Ich-Form** oder in der **personalen Perspektive** erzählt[6], bei der nicht nur das objektiv Wahrnehmbare, sondern auch Empfindungen, Gefühle und Gedanken der Figur zum Ausdruck kommen dürfen und sollen? Da muss der Ich-Erzähler doch sagen dürfen: *So ein schrecklicher Mensch!* oder: *So eine unschöne Szene!* Das macht die Beschreibung ja mitunter viel lebendiger und lustiger!

In der Ich-Form und bei der personalen Erzählweise, bei der der Autor in die Haut einer Figur schlüpft und – allerdings in der dritten Person – aus ihrer Perspektive erzählt, ist das nicht nur möglich, sondern sogar erwünscht. Wenn man diese Erzählperspektive wählt, möchte man ja nicht eine objektive Wirklichkeit beschreiben, sondern vielmehr das Innenleben einer Person, ihre subjektiv getönte Sicht der Wirklichkeit zeigen. Man möchte zeigen, wie sie tickt.

Und um zu zeigen, wie verbohrt, wie albern, wie kindisch, wie voller Vorurteile usw. diese Person ist, beziehungsweise wie klischeehaft sie denkt, darf und muss man ihre Verbohrtheit, ihre Vorurteile und Klischees auch vorführen.

Jetzt ist der BMW doch tatsächlich dem Audi hinten hineingekracht! Und was tut der Lenker des Audi? Steigt aus und geht zum BMW. Natürlich, ein Prolet, dachte ich. Lederjacke, Sidecut, Tattoo im Nacken, Goldkette, eng sitzende Jeans. Klopft ans Fenster und will die Frau am Steuer aus dem Auto zerren.

---

6   zur Perspektive siehe S. 99 ff.

So oder ähnlich könnte die Beschreibung des Auffahrunfalls aus der Ich-Perspektive (oder in personaler Erzählweise, wenn man das *dachte ich* weglässt) klingen. Der Autor legt hier seinem Erzähler einen Kommentar in den Mund – *Natürlich, ein Prolet!* – den sich der auktoriale Erzähler auf jeden Fall verkneifen sollte.

Aber aufgepasst! Die Ich-Form verleitet mitunter dazu, zu reden, wie einem der Schnabel gewachsen ist, und dem Erzähler keine artifizielle literarische Sprache in den Mund zu legen. Dabei ist die Ich-Form ja nur eine spezielle Erzählperspektive. Weder der Ich-Erzähler noch der personale Erzähler sind mit dem Autor identisch. Auch in diesem Fall handelt es sich um eine Romanfigur mit einem bestimmten Charakter und einer bestimmten Haltung, die sich eben nicht objektiv, sondern mit einer eigenen Meinung zu den Ereignissen und den Mitfiguren äußert. Sie kann und soll jede Menge Urteile und Kommentare, auch Unsinn, von sich geben, dadurch wird sie ja kontinuierlich als Romanfigur charakterisiert. Die Urteile und Kommentare müssen jedoch der Figur entsprechen, zu ihr passen, dürfen nicht die des Autors sein. Nicht der Autor sagt: *So ein Prolet!,* er legt seiner Figur vielmehr die Aussage in den Mund, um sie dadurch zu definieren. (Manchmal erfindet der Autor jedoch extra eine Figur, um ihr seine Meinungen in den Mund zu legen!)

Auch der Ich-Erzähler muss mit allen Eigenschaften einer eigenständigen Figur ausgestattet werden!

Für eine konkrete Schilderung bedarf es ausreichender Zeit und meist auch mehrerer Fassungen. Man sollte sich diese Zeit nehmen und sich nicht gleich mit dem einmal Gefundenen zufriedengeben. Man sollte die besten Möglichkeiten und die besten Details finden wollen. Es lohnt sich! Und bei der letzten Fassung sollte man darüber hinaus alle Abschweifungen und Details streichen, die nichts mit der Handlung zu tun haben und auch nichts zur Atmosphäre beitragen, etwa die wunderschön blühenden Tulpen auf dem Mittelstreifen der Fahrbahn. Außer die beiden stürzen hinein und raufen dort weiter. Das könnte reizvoll sein!

Um genauer zu zeigen, was damit gemeint ist, werfen wir einen Blick auf eine Szene aus der Erzählung *Ein schlichtes Herz* von Gustave Flaubert.

Félicité, ein alte Magd, die ihr ganzes Leben im Dienst des Hauses verbracht hat, besichtigt gemeinsam mit ihrer Herrin das Zimmer ihrer vor vielen Jahren im Kindesalter verstorbenen Tochter.

Alle ihre kleinen Habseligkeiten waren in einem Schrank in dem Zimmer mit den beiden Betten untergebracht. Madame Aubain besichtigte sie so selten wie möglich. An einem Sommertag entschloss sie sich dazu; und Motten flogen aus dem Schrank.

Ihre Kleider hingen in einer Reihe unter dem Brett, auf dem sich drei Puppen, Reifen, ein Puppengeschirr und die Waschschüssel befanden, die sie benutzt hatte. Sie zogen auch die Röcke, die Strümpfe, die Taschentücher ans Licht und breiteten sie auf den beiden Betten aus, ehe sie sie wieder zusammenfalteten. Die Sonne beschien all die armen Sachen und machte die Flecken und Falten sichtbar, die sich durch die Bewegungen des Körpers gebildet hatten. Die Luft war warm und blau, eine Amsel zwitscherte, alles schien in einer tiefen Seligkeit zu leben. Sie fanden einen kleinen kastanienbraunen Hut aus langhaarigem Plüsch wieder; doch er war ganz von Ungeziefer zerfressen, Félicité bat ihn

sich aus. Jede schaute die andere an, und ihre Augen
füllten sich mit Tränen; schließlich öffnete die Herrin
die Arme, die Magd warf sich hinein; und sie drückten
einander ans Herz und ließen ihrem Schmerz in einem
Kuss freien Lauf, der sie beide gleichmachte.

Was will Flaubert uns in dieser Szene erzählen? Er will
uns erzählen, wie die Erinnerung an die geliebte Tochter
funktioniert, wie sie wirkt und wie sie zwei Frauen über
die sozialen Schranken hinweg eint. Wie macht das Flaubert? Wie zeigt er den Schmerz über den Verlust?

Fürs Erste einmal, indem er die inzwischen vergangene Zeit anspricht. Er schreibt jedoch nicht:

Es ist lange her.

sondern er erwähnt ein unbedeutendes Ereignis, ein Detail:

Motten flogen aus dem Schrank.

Dann nennt er Gegenstände, die dem Mädchen gehört haben. Aber er zählt nicht alle auf, die sich im Raum befinden,
sondern wählt sehr genau aus: Gegenstände, die stark an
das Mädchen erinnern – *Puppen, Reifen, Puppengeschirr* –,
und die daher am besten geeignet sind, die Tochter und
zugleich ihre Abwesenheit zu vergegenwärtigen.

Und er steigert ihre Präsenz mit dem Hinweis auf die
noch sichtbaren *Flecken und Falten ... die sich durch die*
Bewegungen des Körpers gebildet hatten: gewissermaßen
das noch vorhandene Negativ ihres lebendigen Körpers.
Dieser wird so nicht nur sichtbar, sondern auch für den
Leser fühlbar. Flaubert gelingt es, so nah wie möglich an
den geliebten toten Menschen heranzukommen. Um den
Abgrund zwischen den Dingen, die noch da sind, und dem

Kind, das nicht mehr da ist, dramatisch zu vertiefen, baut Flaubert einen scharfen Kontrast ein:

Die Luft war warm und blau, eine Amsel zwitscherte, alles schien in einer tiefen Seligkeit zu leben.

Der Verlust und der Schmerz darüber werden durch den Kontrast noch einmal vergrößert. Angesichts der Schönheit der Welt wird das Fehlen des geliebten Kindes unerträglich. Das *Ungeziefer,* das den Hut zerfressen hat, besiegelt am Ende die Endgültigkeit des Verlusts und schließt den Kreis zu den eingangs erwähnten Motten. Auch das Mädchen ist längst zerfressen. Aufgrund dieser Erkenntnis fallen die beiden einander am Schluss in die Arme.

Nicht nur die Figuren werden von den Gefühlen ergriffen, die diese Erinnerung auslöst, auch der Leser wird ergriffen. Doch weder der Autor noch seine Figuren benennen die Gefühle, Adjektive werden sehr sparsam eingesetzt. Die vom Autor gewünschten Effekte werden durch die „richtige" Auswahl der Details, sowie die gewiefte Dramaturgie erzielt: von den Motten über Puppen, Flecken und Falten zu einem Höhepunkt aufsteigend und dann zum Ungeziefer zurückkehrend. Erst am Ende, gewissermaßen als Zusammenfassung, ist von Schmerz die Rede. Doch selbst wenn man ihn wegließe, würde das die Wucht der Szene nicht schmälern. Sie ist nicht auf die Behauptung des Schmerzes aufgebaut und nicht darauf angewiesen. Der Schmerz ist längst eindringlich, klar und wirksam entfaltet.

Die Arbeit an und mit den Details erfordert einen nahezu **chirurgischen Blick**. Wie ein Anatom muss der literarische Autor die Einzelheiten emotionslos aus dem erlebten Zusammenhang, etwa dem des Auffahrunfalls, herauspräparieren, herauslösen und isolieren und sie in einem neuen Zusammenhang, etwa dem einer Erzählung über einen Unfall, wieder zusammenfügen. Und zwar so zusammenfügen, dass sich daraus ein neuer Zusammenhang ergibt. Er muss ein Ganzes, den Unfall und die Erinnerung daran, zerlegen, die Einzelteile auf ihre Brauchbarkeit in Hinblick auf die literarische Gestaltung prüfen, sortieren und dann neu anordnen. Nur so entstehen die Freiheit und Unabhängigkeit, im Lichte der Gesetzmäßigkeit des literarischen Textes zu entscheiden, welche Details für die Konstruktion einer Erzählung, einer Szene geeignet sind und welche nicht.

Der literarische, „chirurgische" Blick ist eine Methode, ein handwerkliches Verfahren, das es erlaubt, das zur Verfügung stehende Material zu sichten und neu zu organisieren. Es ist ein rücksichtsloses Verfahren. Die Rücksichtslosigkeit ist jedoch der Methode und der Arbeitstechnik geschuldet, sie hat nichts mit Moral zu tun.

Auch die Gefühle, die der Autor eventuell bei der Beobachtung des Vorfalls in der Wirklichkeit empfunden hat, sind noch immer da, aber nicht in ihrer Unmittelbarkeit, sondern ebenso als Material, das der Autor kalkuliert im Text einsetzt, wo es nötig ist und wo er es haben will. Wäre der Autor beim Schreiben über den Unfall noch immer entsetzt darüber, wie sich die beiden Autofahrer aufgeführt haben, dann wäre es ihm unmöglich, die Details kühl zu bewerten und einzusetzen. Seine Emotion würde seine Aufmerksamkeit völlig in Anspruch nehmen.

Wie ein Arzt muss der Autor **triagieren**. Er muss erkennen, welche Details wichtig sind und welche nicht, was von dem Erlebten er retten kann und was nicht. Manchmal hat er zwei gleichwertige Details zur Verfügung, die ihm beide gleichermaßen wichtig erscheinen und die er beide beibehalten möchte. Doch eines schließt das andere aus, macht es unmöglich. Entweder das eine oder das andere. Das tut mitunter weh.

Unter Umständen hat er auch Angst, Details zu nennen, die Beteiligte oder Freunde irritieren oder beleidigen könnten. Dabei ist meist unerheblich, ob sie den Text je lesen werden oder nicht. Die Angst genügt zuweilen, um genau das nicht zu schreiben, was für die Erzählung unerlässlich wäre. Oder der Autor glaubt, aus Rücksicht auf Moral, politische Korrektheit, auf Schreibmoden oder auf das Wohlgefühl des Lesers bestimmte Details nicht nennen zu dürfen, obwohl gerade diese den Realitätsgehalt einer Szene wesentlich ausmachen würden.

Um Souveränität über das eigene literarische Tun zu erlangen, braucht man die Fähigkeit zu einem kalten, objektiven Blick auf das Material und dessen Details. Nur so kann man sie souverän der Schreibabsicht, der Sprache und der Form unterwerfen. Rücksichtnahmen auf außerliterarische Normen und Empfehlungen, auf den guten Geschmack sowie auf angeblich tatsächlich Erlebtes verhindern jegliche literarische Entfaltung.

Die literarische Sprache

Wie der literarische Blick ist auch die **literarische Sprache** das Ergebnis einer sorgfältigen Auswählarbeit. Um literarische Sprache anstatt alltäglicher oder journalistischer Sprache zu erzeugen, muss der Autor ebenfalls in einen anderen Wahrnehmungsmodus übergehen, einen Schalter umlegen.

Die Alltagssprache ist voller Klischees, vorfabrizierter Floskeln, **Redundanzen** (mehrfache, für das Verständnis nicht notwendige Nennung von Informationen), umständlicher Formulierungen, Wiederholungen. Für gewöhnlich stört uns das nicht, denn sowohl bei der Alltagssprache als auch beim Journalismus geht es in erster Linie um Information. Man möchte dem Gesprächspartner, dem Zuhörer oder Leser vor allem einen Sachverhalt mitteilen.

Der gesprochenen Sprache verzeiht man grammatikalische und stilistische Fehler und Ungenauigkeiten. Beim Sprechen kann man sich verheddern, den Faden verlieren, von vorne beginnen. Die gesprochene Sprache verschwindet, kaum ist sie ausgesprochen, die literarische nicht. Die gesprochene Alltagssprache steht vorwiegend im Dienst der Kommunikation und der inhaltlichen Information, die literarische Sprache möchte darüber hinaus ästhetische Lust und Genuss erzeugen.

Sogar wenn man als Autor dem Ich-Erzähler eine fehlerhafte Umgangssprache in den Mund legen möchte, darf man diese nicht eins zu eins reproduzieren, sondern man sollte sich eine geeignete Kunstsprache einfallen lassen. Auch ein Dialog (doch davon später) besteht nicht daraus, was „wirklich" gesagt wird, sondern was damit „gesagt werden sollte".[7]

In der Alltagssprache ist es zum Beispiel durchaus legitim zu sagen:

'

---

7   siehe Kapitel *Dialog* S. 110 ff.

Mein Magen krampfte sich vor Angst zusammen
(oder: Mein Herz begann wie wild zu klopfen, mei-
ne Knie schlotterten, meine Nackenhaare sträubten
sich ...)

Literatur hingegen lebt vom individuellen Ausdruck.[8] Der
Leser möchte wissen, wie sich die Angst in genau diesem
Augenblick für den Erzähler angefühlt hat, und nicht, wie
sie sich für unzählige andere (vielleicht auch ihn) schon
x-mal angefühlt hat. Der literarische Autor hat die Pflicht,
ein Bild zu finden, das die spezifische Angst der Figur beschreibt, das zur **Figur** passt und sie darüber hinaus **cha-**
rakterisiert.

Ausführlicher und genauer formuliert zum Beispiel der
deutsche Autor Thomas Melle:

Denn die Angst ließ mich verstummen. Nicht nur
waren meine Gedanken zu wild und neu, als dass
ich sie auf irgendeinen Begriff hätte bringen können,
sondern es war mir aus Furcht und Erschrockenheit
kaum möglich, überhaupt den Mund zu öffnen. Ich
war noch zu durchgerüttelt, zu fertig vom vergan-
genen Tag. Die Panik steckte dumpf in mir und ich
wusste nicht mehr, wo oben und unten, wo innen und
außen war. Ich sah die Freunde nur verständnislos an,
dann senkte ich den Blick wieder auf die Tischfläche,
wo er haften blieb. Der graue Himmel spiegelte sich
matt im Lack. Im Kopf war glühender Matsch. Es
waren doch dieselben Freunde von früher, dieselben
sofort erkennbaren, vertrauten Gesichter und Gemü-

---

8 Auf ironische Formen, die das Neue in einer Neuorganisation zitierten
Materials zu finden trachten, soll hier nicht weiter eingegangen werden.

ter, und doch war alles anders, eine große Fremdheit
zwischen uns, eine Grenze aus Unaussprechlichem.
Wieder krähte es. Ich war so allein wie nie.[9]

Literatur zeichnet sich dadurch aus, dass sie dem Leser
nicht nur inhaltlich, sondern auch formal Neues und
Neuartiges – Bilder, Ausdrucksweisen, Metaphern, Rei-
me – präsentiert, das er nicht mit Gewissheit voraussagen
kann ... Das Alte und Altbekannte hingegen empfindet er
als langweilig und banal.

Floskeln und Klischees haben wenig Aussagekraft. Sie
sind durch den alltäglichen Gebrauch derart ruiniert,
dass sie nicht mehr imstande sind, dem Leser die spe-
zielle Qualität eines Gefühls auch nur annähernd zu
vermitteln.

Sprachliche **Redundanzen** entstehen entweder, wenn
Informationen gegeben werden, die für das Verständnis
nicht notwendig sind

Ich fuhr in einem offenen Cabrio

oder wenn Nebensächliches, Selbstverständliches betont
wird.[10] Bei misslungenen Texten hat man manchmal das Gefühl, der Autor betone aufgrund falscher Syntax und falsch
gebrauchter grammatikalischer Formen ausschließlich Nebensächliches. Der Leser muss sich dann die relevanten Informationen regelrecht zusammensuchen. Bei aller inhaltlichen und formalen Komplexität sollten die **sprachlichen**

---

9   Thomas Melle: „Die Welt im Rücken", Berlin 2016, S. 23
10   Auch Redundanzen und Wiederholungen werden mitunter als Stilmit-
     tel eingesetzt. Auch darauf soll hier nicht näher eingegangen werden.

Strukturen eines Textes jedoch **rasch zu verarbeiten** sein und keine Hürden für das Verständnis darstellen.

Der Leser hat nämlich überhaupt keine Lust, sich mit chaotischen Beschreibungen, schiefen Formulierungen oder einer fehlerhaften Syntax und daraus entstehenden falschen Betonungen herumzuschlagen, mit falsch verwendeten Relativsätzen und Indikativen anstelle korrekter Konjunktive, mit nicht absichtlich gesetzten Wiederholungen und Verwirrung stiftenden, falschen Erzählzeiten, ungenauen Begriffen und schlampigen Formulierungen ...

Das Rekonstruieren eines auf diese Weise verlorengegangenen Sinns ist nicht die Aufgabe des Lesers. Er wird das Buch, den Text noch schneller aus der Hand legen als im Falle mangelnder Spannung.

Damals wäre das Einzige, was Walter in jene ungute Gefühlslage hätte zurückversetzen können, die ihn während des Studiums gequält hatte, als er gegen den Menschen zu verlieren glaubte, den er zu sehr mochte, um ihn besiegen zu wollen, ein bizarre pathologische Folge von Ereignissen gewesen. Bei ihm zu Hause hätte sich die Lage erheblich verschlechtern müssen. Walter hätte es, in furchtbaren Konflikten mit Josef, misslingen müssen, ihn zu verstehen und seine Achtung zu gewinnen, ja im Prinzip hätte er sich genauso aufführen müssen wie früher sein eigener Vater, und dazu hätte Richards Karriere einen unerwarteten und späten Aufschwung erfahren und Patrizia sich leidenschaftlich in ihn verlieben müssen.

Das konnte – besser – auch so klingen:

Damals hätte etwas Unvorstellbares passieren müssen, damit Walter sich wieder in jenen unangeneh-

men Zustand zurückversetzt fühlte, unter dem er während des Studiums so sehr gelitten hatte. Damals glaubte er gegen jenen Menschen zu verlieren, den er zu sehr mochte, um ihn besiegen zu wollen. Das wäre nur möglich gewesen, wenn sich die Lage bei ihm zu Hause erheblich verschlechtert hätte oder wenn er furchtbare Konflikte mit Josef gehabt hätte und es ihm nicht gelungen wäre, ihn zu verstehen und seine Achtung zu gewinnen, wenn er sich also genauso aufgeführt hätte wie früher sein eigener Vater oder wenn Richards Karriere einen unerwarteten und späten Aufschwung erfahren oder Patrizia sich leidenschaftlich in ihn verliebt hätte.

Der Einwand des angehenden Autors an dieser Stelle lautet oft: „Man versteht doch eh, was gemeint ist!" Oder man müsse den Text nur öfter lesen, dann würde man ihn schon verstehen, und: „Kunst ist geheimnisvoll, und dieser Text ist nun mal Kunst!"

Sicher, irgendwann versteht der Leser einen umständlichen Satz, eine unklare Passage. Er weiß ungefähr, er errät, was damit gemeint ist. Doch das Gerade-noch-Verstehen ist ihm zu wenig, es erzeugt keinen Genuss!

Das Neuartige eines Texts mag manchmal durchaus in einer Dehnung und Lockerung der grammatikalischen und stilistischen Regeln bestehen, nicht aber in deren Verleugnung aufgrund von Unkenntnis!

Jeder grammatikalische Fehler, jeder Stilbruch, ob absichtlich gesetzt oder nicht, ist ein Aufmerksam-Machen des Lesers. Der Leser hält inne, etwas kommt ihm spanisch vor, er fragt sich ausdrücklich oder insgeheim nach dem Grund der unkorrekten Formulierung. Ein paar derartige Hürden beim Verständnis toleriert er, doch irgendwann „bricht" der Text wie ein verschmutzter See, dem Leser wird es zu bunt und er gibt auf.

Klarheit und Verständlichkeit sind oberstes Gebot. Selbst bei höchster Komplexität und Dichte ist Literatur nur dann gelungen und schön, wenn die sprachlichen Strukturen rasch verarbeitet werden können. Was nicht heißt, dass der Blick des Lesers nicht bei einem ungewöhnlichen Ausdruck, einer kühnen Metapher, einer unüblichen Montage hängen bleiben soll. Genau das stört ihn auch nicht. Genau das macht sein Vergnügen an Literatur aus.

Auch der journalistischen Sprache verzeiht man Klischees und Banalitäten: Sie möchte zwar Neues mitteilen, von Fakten und Sachverhalten erzählen, die dem Leser nicht bekannt sind, kann jedoch auf das formal und sprachlich Neue durchaus verzichten. Manchmal sind Klischees und Floskeln auch sehr hilfreich, um rasch einen Konsens herzustellen. Deshalb ist man geneigt, bei abgedroschenen Metaphern wie *der Sumpf der Korruption* oder *das Krebsgeschwür der organisierten Kriminalität* ein Auge zuzudrücken. In der literarischen Sprache hingegen ist das ein absolutes No-Go.

Der literarische Autor sollte sich vielmehr davor hüten, einen komplizierten Sachverhalt mit einem eingeführten Begriff schnell auf den Punkt bringen zu wollen. *Sie war eine Erotomanin* etwa wäre in der Literatur eine unzulässige Verkürzung.

Von einem literarischen Autor erwartet man eine andere Schreibhaltung, eine intensivere und genauere Beschäftigung mit Sprache. Der literarische Autor ist skrupulöser, kritischer, bedachter in der Anwendung, versucht mehr und anderes zu transportieren als bloß äußerliche Information.

Auch das Porträt eines Politikers in der Presse zum Beispiel sieht bei aller Genauigkeit der Recherche anders aus als in einem Roman. Der österreichische Politiker Sebastian Kurz wird in der Presse als *Wunderknabe* oder *Wunderwuzzi* beschrieben. Der Romanautor hingegen sollte sich bemühen, eine Sprache und Bilder zu finden, die imstande sind, auch seelische Hintergründe, geheime Motive, Wünsche und Phantasien zum Ausdruck zu bringen, die in einem Zeitungsporträt nichts zu suchen haben. Und er sollte sich mit gewissen Bezeichnungen und Behauptungen zurückhalten und diese Charaktere stattdessen anschaulich zu beschreiben versuchen.

Die literarische Sprache legt bewusst Augenmerk nicht nur auf einen sorgfältigen Sprachgebrauch, sondern darüber hinaus auf die nicht alltäglichen und vernachlässigten Qualitäten wie Musikalität und Rhythmus, Komplexität, Treffsicherheit des Ausdrucks, Ausgewogenheit, Präzision, optimale Formulierung, Sprachwitz, Verdichtung, Verknappung, Intensität, Anschaulichkeit, Ökonomie, Eleganz und Schönheit. Der literarische Autor entfesselt die Sprache und bezieht Lust daraus, die Grenzen des alltäglichen Sprachgebrauchs zu überschreiten und jenseits davon neue Ausdrucksformen zu finden und zu erfinden.

Eine gute Übung, sich in literarische Sprache einzuarbeiten, besteht darin, sich den Text eines Kollegen vorzunehmen und diesen ohne Rücksicht auf Freundschaft zu **redigieren!** Da fallen einem Fehler und Schnitzer viel schneller auf als bei einem eigenen!

Romanschreiben

Einen Roman zu schreiben, ist ein gewaltiges Unterfangen. Mit den Figuren und Konflikten eines Romans bringt man für gewöhnlich zwei bis drei Jahre seines Lebens zu. Und damit sind nicht nur die aktiven Schreibstunden pro Tag gemeint. Der Roman bildet zunehmend die Folie, auf der sich der Alltag abspielt. Je klarer und vielgestaltiger er wird, je größer die Materialmenge ist, je komplexer die Konflikte sind und je mehr erzählerische und dramaturgische Probleme es zu lösen gibt, desto stärker drängt er in den Vordergrund und will rund um die Uhr überprüft und weiterentwickelt werden. Er duldet keine zu langen Absenzen und Vernachlässigungen. Eine längere Nichtbeachtung bestraft er mit rasantem Rückzug, sodass man den Kontakt zu ihm wieder mühsam herstellen muss, mit weit größerem Energieaufwand, als wenn man ihn kontinuierlich hegt und pflegt. Ganz zu schweigen von der Gefahr, ihn vollends aus den Augen zu verlieren.

Als Autor muss man sein Romanprojekt so ausstatten, dass man zwei bis drei Jahre damit zubringen kann und auch Lust darauf hat. Man muss Voraussetzungen schaffen, die dies gewährleisten.

Das beginnt mit einer guten **Idee**, einem guten **Thema**. Idee und Thema sind dann gut, wenn man das Gefühl hat, sie sind einem so wichtig und es wird einem genug dazu einfallen, um durchzuhalten und 150 bis 200 oder sogar mehr Seiten zu füllen, selbst wenn man im Augenblick noch nichts Genaueres weiß. Man wälzt die Idee eine Zeitlang im Kopf herum, um ihre Tauglichkeit zu prüfen. Man phantasiert mit und an ihr herum, baut im Kopf Figuren, Szenarien, Bruchstücke einer Geschichte, verwirft sie wieder, baut um, baut neue, macht Notizen in Heften, auf Kassenbons, auf Servietten, in der U-Bahn, beim Essen, beim Fernsehen, am Strand. Man arbeitet sich in eine Geschichte hinein. Man stellt sich vor, wie die Stimmung des Romans, seine Sprache und Stil sein könnten, ob es eher eine Tragödie werden soll, eine Satire, eine Komödie. Man häuft an, entwickelt Möglichkeiten, sammelt Spielmaterial.

Irgendwann empfiehlt es sich, das Material mithilfe einer ersten **Strukturierung**, einer ersten Abfolge, zu ordnen. Man versucht, ein **Konzept** zu schreiben, ungefähr zusammenzufassen, wie der Roman – sein Handlungsbogen – aussehen könnte. Die Niederschrift, das Hintereinander der Sätze, der Gedanken, der Ereignisse ergibt ein erstes, wenn auch lückenhaftes Bild des Ganzen. Oder man schreibt ein **Szenario** – eine vertikale Anordnung der bereits vorhandenen Szenen, Ereignisse und Story-Teile – in Form kurzer Notizen, die stichwortartig den Inhalt festhalten. Oder man pinnt ein großes Packpapier an die Wand und schreibt die einzelnen Szenen in Form eines Szenarios nebeneinander auf, was den Vorteil eines größeren Überblicks bietet und mehr Ergänzungen erlaubt als ein Entwurf auf einem Blatt Papier.

Das Verfassen eines Konzepts hilft, das Material weiterzuentwickeln.

Das Konzept provoziert das Material, obwohl sich dieses mitunter gegen die erzwungene Ordnung auflehnt. Das eine will nicht neben dem anderen stehen, besteht darauf, nicht hierher zu passen, sondern an eine ganz andere Stelle: ein Aufruhr, der einen dazu zwingt, sich mit den Eigenheiten der jeweiligen Teile und ihrer möglichen Bedeutung für den Roman zu beschäftigen; er stößt einen mit der Nase darauf, was nicht möglich ist, was widersprüchlich ist, was besser wäre, wo etwas fehlt, was nicht zum Thema oder zur Figur passt. Zum ersten Mal sieht man eine Gestalt des Romans konkret vor sich; sie fordert einen auf, die vorliegende Ordnung und alle ihre Teile und Momente genauer zu durchdenken, gegebenenfalls zu verschieben, zu streichen, zu ergänzen oder neu zu montieren und eine zweite Ordnung in Angriff zu nehmen.

Die Fragen, die sich der Autor in diesem Augenblick unbedingt stellen sollte, lauten: „Warum möchte ich dieses Buch eigentlich schreiben? Wieso interessiert mich dieser Stoff? Ist er – für mich – von **existenzieller Bedeutung,** sodass es Sinn macht, mich lange mit ihm zu beschäftigen, und kann ich seine **Brisanz** so darstellen, dass sich auch Leser dafür interessieren? Was interessiert mich an meiner Hauptfigur? Welchen existenziellen Konflikt hat sie, den ich in seiner Entwicklung verfolgen und beschreiben möchte? Was genau will ich damit zeigen? Und wie? Worum geht es mir im Grunde? Worin besteht meine **Absicht**?"

Irgendwann spürt man: Das ist es! Deswegen will man den Roman schreiben! Deswegen muss man ihn schreiben! Zum Beispiel: Man will zeigen, wie sich eine Frau trotz widrigster Umstände aus einer Beziehung befreit und wie sie ihre Scheidung durchkämpft!

Erst wenn man mit Gewissheit sagen kann: „Das ist mein Thema! Das ist meine Geschichte!", ist der Moment gekommen, mit dem Schreiben zu beginnen.

Diese Gewissheit ist das produktive Feuer, das Kraftwerk, das einen durch das ganze Buch hindurch antreiben wird und einem dabei hilft, größte Hindernisse und tiefste Ver-

zweiflung zu überwinden und – sollte man sich auf Neben-
wegen verlieren – einem in Erinnerung ruft, wo der Haupt-
weg ist, wo das Wesentliche des Romans liegt, worum es in
diesem Roman geht und worum es deshalb auch dem Autor
gehen sollte. Falls man das nicht mit Gewissheit weiß, läuft
man Gefahr, sich in Nebensächlichkeiten zu verlieren.

Das Konzept liegt nun vor. Man weiß, es ist provisorisch,
aber man weiß auch, dass man nur in der fortlaufenden
Arbeit am Roman wird klären können, was fehlt, was zu
ergänzen, was zu streichen ist. Manche Autoren glauben,
man müsse den Roman reißbrettartig bis ins Detail durch-
planen und den Plan dann kalt durchziehen. Meist wirkt
der Roman dann auch so. Im Voraus kann man nämlich
nicht alle Details planen und berücksichtigen, die sich
etwa bei der genauen Beschreibung der Entwicklung
eines Konflikts ergeben und die dann plötzlich andere
Wendungen und andere Konsequenzen plausibler und
spannender erscheinen lassen als ursprünglich vorgesehen. Mitunter wird auch die ursprüngliche Konzeption
des Romans in Mitleidenschaft gezogen. Stur am Plan
festzuhalten hieße, gegen die Logik der Entwicklung zu
handeln, also gegen die sich erst im Schreibprozess ent-
faltende und entwickelnde Logik der Geschichte.

Jetzt wartet der Roman darauf, endlich geschrieben zu
werden. Man weiß, man muss beginnen. Es gibt nichts
mehr zu tun, außer endlich zu beginnen. Alles drängt
darauf, endlich den Sprung ins kalte Wasser zu machen.
Aber man traut sich nicht. Man findet immer wieder einen Grund, warum man es nicht tut. Der Übergang vom
Medium des Konzepts in das Medium der Literatur erfordert neue Fähigkeiten und neue Arbeitsweisen. Zuerst hat
man nur darüber nachgedacht, wie was geschrieben wer-

den soll, jetzt muss geschrieben werden. Zuerst hat man sich nur überlegt, was in einer Szene geschehen soll, jetzt muss man in einer Szene Konkretes geschehen lassen. Alles, was man zeigen wollte, muss man nun zeigen. Man hat sich eine Figur vorgestellt, aber nun muss sie glaubhaft gestaltet und vorgeführt werden. Mit einem Wort: Die Praxis des Romanschreibens beginnt.

Aber wie beginnen? Für den Anfang eines Romans – jeden Textes – gilt: So gut wie möglich und so schnell wie möglich **Interesse** und **Erwartungen wecken!** Man sollte sich die Frage stellen: Womit fülle ich die erste Zeile des Romans, die erste Seite, die ersten zehn Seiten? Welches Detail, welches Ereignis, welches Thema ist am besten geeignet, den potenziellen Leser, der das Buch aufschlägt, in seinen Bann zu ziehen?

Der erste Satz von Franz Kafkas Roman *Der Prozeß* lautet: *Jemand musste Josef K. verleumdet haben, denn ohne dass er etwas Böses getan hätte, wurde er eines Morgens verhaftet.* Anhand dieses Beispiels erkennt man sehr gut, welche Momente Kafka auswählt, um in einem einzigen Satz ein Konfliktpotenzial aufzubauen und zu präsentieren, das den Leser sofort in Spannung versetzt: Ein Unschuldiger wird verhaftet. Und er stellt sich sofort die Fragen: Was wird ihm vorgeworfen, wenn er doch unschuldig ist? Wer hat ihn verleumdet und warum? Wird sich seine Unschuld erweisen? Das will der Leser erfahren und er will auch das mulmige Gefühl, das ihn bei diesem Satz überkommt, schnell wieder loswerden. Kafkas Satz ist ein optimales Versprechen auf einen interessanten Roman.

Andererseits treibt die **Fetischisierung des ersten Satzes** bei Autoren wie Rezensenten mitunter groteske Blüten. Der erste Satz sollte Appetit machen, aber nicht gleich der ganze Leckerbissen sein wollen. Bücher, die es nach der ersten und spätestens nach der zehnten Seite nicht geschafft haben, den Leser so weit zu interessieren, dass er weiterlesen möchte, haben allerdings schon verloren und werden gewiss nicht fertig gelesen, womöglich gar nicht gekauft.

Keinesfalls muss ein Roman – außer vielleicht ein Krimi – mit einer Action beginnen. Er kann auch mit einer Beschreibung von Landschaften, Personen, Zimmern, beginnen. Wenn dadurch eine Erwartung, eine Spannung aufgebaut wird – was wird wohl in diesen Landschaften, in diesen Zimmern, mit diesen Personen geschehen? –, die den Leser weiterträgt, hat der Autor schon gewonnen. Fürs Erste. Um alles Weitere wird er sich noch ausgiebig bemühen müssen.

Spätestens jetzt ist noch eine wichtige Frage zu entscheiden: **Wer erzählt**? Wähle ich die **Ich-Form**? Die **auktoriale Form**?[11] Mit welcher Absicht erzählt der Erzähler? In welchem Tonfall? Und so weiter.

Alle diese Fragen kann man letztendlich erst beim Schreiben lösen, auch wenn man sie in der Theorie schon gelöst zu haben glaubt. Man probiert aus. Man experimentiert. Der erste Tag ist jedoch immer ein Desaster. Was da geschrieben wird, ist meist katastrophal schlecht. Man ist überzeugt: Man kann gar nicht schreiben, man wird diesen Roman nie schreiben können. Dabei ist das Konzept doch hervorragend! Aber wie soll daraus ein Roman werden?

Von der **Enttäuschung der ersten Tage** sollte man sich nicht beeindrucken lassen. Man sollte sich vielmehr stets

---

11   zur Perspektive siehe S. 99 ff.

vor Augen halten, dass die erste geschriebene Seite selbstverständlich ein erster Geh- bzw. Schreibversuch ist, ein erstes Herantasten an das, was möglich ist, wie etwas beschrieben werden könnte, ein erstes Ausprobieren eines Tonfalls, eines Stils, einer Perspektive. Selbstverständlich sind mehrere Fassungen vonnöten, bis die ersten brauchbaren Lösungen gefunden sind, auf deren Grundlage man weitere, wenn auch nach wie vor unsichere Schritte tun kann, allerdings mit der Hoffnung, bald besser Tritt zu fassen. Selbst wenn man schon zehn Romane geschrieben hat, ist die Anfangsphase immer eine Phase größter Mühe, größter Frustration, größter Zweifel und Verzweiflung und hartnäckigster Misserfolge. Nach dem zehnten Roman ist man allerdings darauf vorbereitet, dass diese Phase ehern wie ein Naturgesetz eintritt, nicht zu überspringen ist und einige Arbeitstage andauert, bevor sie schlagartig endet und den Weg für die nächste Phase freigibt. Man ist also gut beraten, mit dem Schreiben erst dann zu beginnen, wenn man sicher ist, zwei bis drei Wochen lang jeden Tag drei bis vier Stunden Zeit zu haben, um intensiv genug an den ersten Seiten des Romans zu arbeiten, den Text immer wieder aufmerksam und selbstkritisch durchzulesen und mehrere Fassungen herstellen zu können. Ohne diese zeitlichen Voraussetzungen braucht man gar nicht erst anzufangen. Es wäre sinnlos. Man würde nie über die ersten misslungenen Zeilen hinauskommen. Man muss jedoch eine erste brauchbare Ebene erreichen, von der aus man weiterarbeiten kann.

Auch wenn der Text am ersten Tag nicht den Erwartungen entspricht, sollte man sich keinesfalls am Tag darauf von wichtigen Terminen und Verpflichtungen davon abhalten lassen, sich wieder an den Schreibtisch zu setzen, den Text hervorzuholen und mit ihm aufs Neue drei

Stunden zu verbringen. Im Gegenteil. Man muss die Qual der ersten Tage suchen und ertragen. Sich zum Hinsetzen zwingen, dem misslungenen Text mutig ins Auge sehen und ihn, auch wenn er einen noch so sehr abweist, gegen seinen Willen in die Zange zu nehmen und besser machen wollen. Erst dann – versprochen! – wird die Qual geringer, der Text besser und die Arbeit daran immer interessanter.

Manchmal geht jedoch beim ersten Mal überraschenderweise alles gut, besser als erwartet, doch die Enttäuschung folgt später, wenn man plötzlich stockt. Nicht erschrecken! Man wird weiterkommen.

Die ersten zwei, drei Wochen erfordern viel Draufgängertum, Hartnäckigkeit und Übermut, viel Kraft, Zuversicht und die Fähigkeit, Enttäuschungen wegzustecken. Das muss man durchstehen. Diese Fähigkeit muss man üben. Man wird sie den ganzen Roman hindurch brauchen.

Doch selbst dann kann man scheitern. Auf Seite 50 stellt sich möglicherweise heraus, dass alles, was bisher funktioniert hat und vergnüglich war, nicht mehr vergnüglich ist und auch nicht mehr funktioniert. Man schreibt den Text einmal so herum, dann so herum, und merkt, da geht nichts mehr weiter, da wird nichts mehr draus, der Stil hat sich erschöpft und auch das Thema, die Figuren wollen nicht mehr, die Geschichte will nicht mehr und auch der Autor will nicht mehr.

Auch dann muss man nicht gleich aus dem Fenster springen. Man tröste sich: Das passiert den Größten. In diesem Fall empfiehlt es sich, durchzuatmen, die Sache mehrmals zu überschlafen und einen neuen Zugang zu versuchen. Oder – oft das beste Mittel – einen neuen Roman zu beginnen. Die Phantasie ist unerschöpflich und die Zeit geduldig. Der Autor sollte es auch sein.

Und ab jetzt heißt es:

- kontinuierlich weiterarbeiten, dranbleiben, nicht nachlassen, nicht nachgeben

- mit *Dringlichkeit und Geduld* (Jean-Philippe Toussaint) an der Sache bleiben, nicht hetzen, nicht schon morgen fertig sein wollen

- keinem Problem, das sich beim Schreiben stellt, ausweichen

- beim Thema bleiben

- nicht die erstbeste Lösung für die beste halten

- nicht schwindeln, in der Hoffnung, der Leser werde schon nicht merken, dass der Satz nicht stimmt oder dass die Szene oder die Reaktion der Figur nicht plausibel sind

- nicht abschweifen

- die Arbeit am Roman nicht zu lange unterbrechen bzw. während der Unterbrechung immer wieder an den Roman denken, mit ihm Kontakt halten, ihn nicht verkümmern lassen, vielmehr *en passant* neue Ideen finden, alte überprüfen

- sich immer aufs Neue der Absicht vergewissern, warum man den Roman schreiben will

- sich Thema, Hauptkonflikt, Hauptfigur immer wieder aufs Neue in Erinnerung rufen

- weiter experimentieren und weitere Versuche anstellen

- nicht auf Teufel komm raus originell oder zeitgeistig sein wollen

- nicht „große Literatur", aber Literatur schreiben wollen

- nicht bombastisch auftrumpfen, nicht kitschig sein, nicht pompös, nicht wichtigtuerisch, nicht besserwisserisch, nicht tiefsinnig und nicht bedeutungsschwanger

- nicht dozieren, nicht belehren, keinen Sachunterricht geben wollen

- ungewöhnliche Sichtweisen, einen frischen Ton, eine kühne Form, eine wilde, neue Sprache suchen

- einfach sein, klar sein, genau sein, konkret sein

- spielerisch sein

- nicht die deutsche Grammatik ignorieren; die Rechtschreibung respektieren und Beistriche setzen

- ökonomisch erzählen, knapp, auf das Wesentliche konzentriert

- Eigenschaftswörter höchst sparsam verwenden

- nicht schwadronieren, nicht räsonieren

- nicht zu lange an einem Kapitel oder an einer Formulierung herumdoktern, sondern weiterschreiben, den Romanbogen suchen und fertigstellen, ans Ziel kommen wollen

- erst dann einen neuen Korrekturdurchgang starten, Ergänzungen und Änderungen einfügen

- unbedingt streichen! Überprüfen, ob alle Informationen auch wirklich notwendig sind, ob nicht manches redundant bzw. als bekannt vorauszusetzen ist, auf Wiederholungen achten

- erst dann das fertige Manuskript weitergeben, wenn nichts mehr zu tun ist, und sich gut überlegen, an welche Verlage man das Manuskript schickt (siehe dazu das Kapitel *Wie finde ich einen Verlag?* ab S. 181)

- das Manuskript nicht an Verlage schicken, bevor man überzeugt ist, dass es fertig ist

Dramaturgie

Jede Beschreibung von Geschehnissen, die sich hintereinander ereignen und durch ein „dann und dann und dann" gekennzeichnet sind, erfordert Dramaturgie – so auch ein literarischer Text. Dramaturgie reflektiert und beschreibt die **Gesetzmäßigkeiten des Erzählens von Geschichten**.

Ursprünglich, bei Aristoteles im 4. Jh. v. Chr., beschrieb Dramaturgie ausschließlich die Machart eines Epos oder eines Dramas bzw. einer Abfolge von Geschehnissen auf der Bühne. Inzwischen gibt es jedoch nicht nur dramatische Erzählungen, sondern auch Prosaerzählungen und Romane, Spielfilme, Hörspiele und TV-Serien. Mit der Ausnahme von avantgardistischen oder experimentellen Werken erzählen sie Geschichten. Doch selbst diese kommen nicht gänzlich ohne Dramaturgie beziehungsweise ohne Spannungsbogen aus. Selbst in der Lyrik, bei Gedichten, ist eine bestimmte immanente Dramaturgie erkennbar – eine durch dieses Gedicht geschaffene, spezielle Abfolge von Worten, Reimen und Bildern.

Auch außerhalb von Literatur und Kunst kommt Dramaturgie zum Einsatz. Unbewusst beim Erzählen persönlicher Erlebnisse, wobei man sich automatisch bemüht, den Zuhörer bei Laune zu halten. Bewusst etwa bei geschäftlichen Verhandlungen, bei denen Strategien gefragt sind, oder bei der Organisation von Events, um Unterhaltung zu garantieren und zu steigern.

Allgemein formuliert **ist Dramaturgie die optimale Organisation der spezifischen Elemente und Materialien eines Mediums in einer bestimmten Zeiteinheit mit dem Ziel, daraus ein spannendes und attraktives, in sich geschlossenes Ganzes herzustellen.** Wobei die

„spezifischen Elemente" beim Film Einstellungen, Szenen, Akte, Bilder, Dialoge, Geräusche und Musik sind und in der Literatur eben Worte, Sätze, Kapitel und – das Erzählerische betreffend – Charakterisierungen, Dialoge, Beschreibungen von Situationen, Gedanken, Gefühle, Handlungen, Konflikte, Orte und Figuren.

Von „Dramaturgie" spricht man allerdings nach wie vor in erster Linie bei Theaterstücken und Drehbüchern, selten bei Romanen und Erzählungen. Da heißt es meist „Roman- oder Erzählstruktur". Das klingt ziemlich statisch, eher nach einem Nebeneinander im Raum als nach einem Nacheinander in der Zeit und in der Dynamik des Erzählens. Dabei findet in der erzählenden Prosa ebenfalls ein Nacheinander in der Zeit statt und das Dramatische – **Handlung und Konflikt** – ist nicht nur erwünscht, sondern unerlässlich, auch wenn es sich nicht unbedingt so actionreich wie auf der Bühne oder im Film präsentieren muss. Interessante Figuren und Spannung garantierende Vorgänge sind jedoch da wie dort konstitutiv und machen die Qualität sowohl eines Theaterstücks als auch einer Erzählung aus.

Bei manchen Romanen hat man allerdings das Gefühl, dass die Figuren flach und „papieren" sind, die Handlung wirkt an den Haaren herbeigezogen, der Ablauf der Geschichte ist chaotisch erzählt – unter Umständen wird am Anfang das ganze Pulver verschossen, dann kommt nichts mehr –, der Konflikt ist nicht brisant genug herausgearbeitet, Nebenfiguren, Nebenhandlungen und sonstige Redundanzen verdecken den Blick auf die Hauptsache, es gibt keine Spannungsbögen und Steigerungen, die Dialoge sind hölzern und die Beziehungen unglaubwürdig, widersprüchlich und platt. Dies zeugt unter anderem von dramaturgischer Ahnungslosigkeit und meist auch vom Desinteresse des Autors, sich mit dramaturgischen Grundsätzen zu beschäftigen. Nicht nur Action, sondern auch die Beschreibung innerer Vorgänge, alltäglicher Lebens- und Leidensgeschichten oder spezieller subjektiver Wahrnehmungs- und Erfahrungswelten bedarf einer entsprechenden, behutsamen und bewussten dramaturgischen Führung, damit die Momente so organisiert und in ihrer Abfolge gestaltet werden können, dass der Leser Lust bekommt, ihnen mit Interesse und Erwartung zu folgen. Dramaturgie ist Hilfe und Voraussetzung, um die Aufmerksamkeit des Lesers aus der Alltagswahrnehmung herauszuholen und sie auf ein Thema, eine Figur und deren Probleme zu lenken und so lange zu fesseln, bis das Wichtige und Erzählenswerte klargemacht und zu Ende erzählt ist. Der Leser muss die Geschichte unbedingt fertig lesen wollen!

Dramaturgie ist ja wie gesagt keine willkürliche und rezente Erfindung. Sie ist vielmehr das Ergebnis jahrtausendealter Erfahrungen der Menschheit mit dem Erzählen und mit jenen Mechanismen, die garantieren, dass eine Erzählung imstande ist, zu begeistern, zu erschüttern, zu unterhalten und zu berühren.

Für alle, die narrative Texte schreiben wollen, empfiehlt es sich aus diesem Grund sehr, einen **Drehbuchworkshop** zu besuchen. Nicht nur ein Buch über das Drehbuchschreiben zu lesen, sondern Drehbuchschreiben praktisch zu üben, vielleicht auch einmal ein **Drehbuch** oder ein **Treatment** zu verfassen. Das Drehbuch eines Spielfilms muss nämlich in besonderem Maße auf dramaturgische Grundsätze, interessante Figuren, überzeugende Konflikte und spannende Geschichten achten, immerhin soll ein Film dafür sorgen, Zuschauer 90 Minuten lang – das sind in der Regel 90 Drehbuchseiten – in einem dunklen Raum festzuhalten.

Daher lernt man beim Drehbuchschreiben, interessante Figuren zu entwerfen und mit ihnen interessante Geschichten zu entwickeln, brisante Konflikte zu konstruieren, aufzubauen und zu steigern. Man bekommt ein Gefühl für den ökonomischen Einsatz der Mittel, für kompakte Szenen und Dialoge, für die Notwendigkeit von Steigerungen, Höhepunkten und Wendungen, vor allem für Erzählrhythmus und für den großen Handlungsbogen. **Erzählqualität** und **Erzähldynamik** rücken in den Vordergrund.

Ein literarischer Text ist allerdings kein Drehbuch und soll auch keinesfalls eines sein. Aber mit dem Gespür für all das, was ein gutes Drehbuch ausmacht, und mit dem Wissen darüber tut man sich leichter, eine Prosageschichte, egal ob sie zehn oder dreihundert Seiten lang ist, übersichtlich in den Griff zu bekommen, bewusst zu konstruieren und überbordenden Schreibfluss zumindest im Nachhinein zu überprüfen, zu stoppen und zu ordnen. Sobald man darin geübt ist, wird der Schreibfluss – der Schreibüberfluss – bereits unbewusst gelenkt. Auch die Gedanken, die Phantasien und Erfindungen, die ihn antreiben, sprudeln nicht mehr vollkommen unkontrolliert, sondern in einer ersten, wenn auch sehr vagen und von Einfällen und Sprache überwucherten dramaturgischen Form, die die Intention des Autors und die Erzählbarkeit des Stoffes bereits mit einfließen lässt und sie als eine erste Ordnung darin unterzubringen sucht.

Figuren

Jeder Roman hat eine **Hauptfigur** bzw. einen **Protagonisten.** Die Hauptfigur trägt die Handlung und treibt sie voran. Sie ist so interessant, dass man mehr über sie und ihr Schicksal erfahren und sie in vielen Situationen erleben möchte. Sie hat ein Problem, das sie lösen muss, und ein Ziel, das sie unbedingt erreichen möchte. Auf dem Weg dorthin ist sie mit Hindernissen, mit **inneren** und **äußeren Schwierigkeiten** konfrontiert, die sie bewältigen muss. Wir beobachten sie in diesen Konfliktsituationen und verfolgen mit Neugier, wie sie sie löst und ob sie sie in ihrem Sinn, ihrem Ziel dienlich, lösen kann. Ihre Absicht, ihr Wunsch, ihre Haltung, ihr Charakter, ihre Not provozieren einen Konflikt mit der Umwelt, die ihr feindlich gesinnt ist und nicht die geringste Lust hat, ihr entgegenzukommen, beziehungsweise einen Konflikt mit einer anderen Figur – **einem Antagonisten** –, der konträre Absichten hegt und entschlossen ist, diese auch gegen sie durchzusetzen.

In einem Roman über das Ende einer Ehe zum Beispiel ist die Protagonistin eine Frau (A), die sich scheiden lassen möchte, der Antagonist ihr Noch-Ehemann (B), der sie mit allen Mitteln daran hindern will.

Die Beschaffenheit der Hauptfigur, ihr Charakter, ihre Absichten und Bewältigungsversuche charakterisieren den **Konflikt.** Die Art des Konflikts und die Art seiner Bewältigung wiederum charakterisieren die Figur. Wir lernen die Hauptfigur erst kennen, wenn wir sehen, wie sie sich bei der Bewältigung dieses Konflikts verhält. Erst in ihrem Handeln äußert sich ihr Charakter, wird ihre Absicht klar. Das heißt, man muss sie **handeln** lassen. Erst indem sie auf Hindernisse und Widerstände reagiert, reagieren muss, zeigt sie ihre Fähigkeiten, ihre guten und schlechten Eigenschaften, ihre Stärken und Schwächen, ihre heimlichen Wünsche und Ängste. **Sie wird charakterisiert durch das, was sie tut oder betont nicht tut**. Erst indem wir sie bei ihrem konkreten Handeln beobachten – wozu auch Dialoge und Gedanken gehören –, wird sie für uns anschaulich, zeigt sie ihre Widersprüchlichkeit und Komplexität und wird für uns glaubhaft.

Konflikt und Figur bedingen einander.

Um den Konflikt in Gang zu setzen, braucht die Hauptfigur wie gesagt einen **Gegenspieler,** einen **Kontrahenten** bzw. **Antagonisten.** In unserem Fall ist das der Ehemann. Er bestimmt die Hauptfigur und den Hauptkonflikt des Romans wesentlich mit.

Um einen brisanten Konflikt zwischen den beiden entstehen zu lassen, sollte die Gegenfigur möglichst konträr gebaut sein. Sie sollte deutlich andere Ansichten, Wünsche und Absichten aufweisen als die Hauptfigur, auch über ein anderes Temperament und andere Obsessionen verfügen und von einer anderen Herkunft, einem anderen Bildungsweg und anderen Erfahrungen geprägt sein, unter Umständen (im Dialog) eine andere Sprechhaltung einnehmen als die Hauptfigur. Erst der Unterschied erzeugt den Konflikt. Zwei komplexe Instanzen geraten aufgrund ihrer Unterschiede aneinander, was allerdings nicht heißt, dass sich nicht auch Übereinstimmungen ergeben können, die sich erst im Laufe des Konflikts herausbilden und aufgrund derer die Figuren einander am Ende vielleicht näher sind als am Anfang vorstellbar.

Erst gegensätzliche und widersprüchliche Figuren machen Aktionen, Wendungen und spannende Konfrontationen möglich.

Unterschiede schärfen das Profil der Figuren, bestimmen Struktur und Art ihrer Auseinandersetzung und sind imstande, die Handlung insgesamt packend und abwechslungsreich zu gestalten und eine Atmosphäre zu erzeugen, in die man sich als Leser gern hineinbegibt, da sie den Eindruck von Authentizität und Lebensnähe erzeugen und damit bestens zu unterhalten verstehen.

Der Kontrahent der Hauptfigur muss nicht unbedingt eine Person sein. Er kann auch ein gefährlicher Berg sein, der bezwungen werden soll, oder ein innerer Konflikt, bei dem die Figur ihr eigener Widersacher ist, etwa beim Prozess einer Selbstfindung oder bei der Bewältigung eines Traumas. Äußere Ereignisse haben dabei die Funktion, innere Widerstände herauszufordern, bloßzulegen oder neue Gedanken und Sichtweisen anzustoßen und zu fördern. Die Erzählung ist dann ein innerer Vorgang, eine innere Entwicklung.

Das zentrale Problem der Hauptfigur sowie der Gegenfigur und ihr daraus resultierender Konflikt sollten von **existenzieller Bedeutung** sein. In unserem Scheidungsdrama hängt vielleicht nicht das Leben, so doch das Lebensglück der Protagonistin davon ab, ob sie sich durchsetzen wird oder nicht.

Geht es nicht um Leben und Tod (wobei nicht unbedingt jemand sterben muss), läuft der Roman Gefahr, langweilig zu werden oder in Trivialität zu versinken – außer er hat andere Vorzüge aufzuweisen, etwa eine ungewöhnlich interessante Sprache.

Konzipiert man einen Roman, hat man entweder die Vorstellung von einer Figur und sucht eine entsprechende Handlung oder man hat die Idee zu einer Handlung und sucht eine entsprechende Figur. Hat man eine Ahnung von der einen, hat man meistens auch schon eine Ahnung von der anderen. Habe ich eine bestimmte Scheidungs-geschichte im Kopf, weiß ich meistens auch schon, wer die Hauptfigur ist und wie sie und ihre Kontrahenten beschaffen sein müssen. In unserem Fall eine Frau, die ein neues Leben beginnen möchte, und ein Mann, der nicht gewillt und vielleicht auch nicht fähig ist, dies zu akzeptieren. Es ist klar, dass sich der Hauptkonflikt zwischen den beiden abspielen wird.

Der nächste Schritt besteht nun darin, die Figuren mit menschlichen Zügen auszustatten, damit sie lebendig und nicht „papieren" wirken und man sie glaubhaft agieren lassen kann.

Die **bloße Formulierung** der **Absicht** der Frau, sich trennen zu wollen, **reicht** jedoch für die Gestaltung der Figuren und des Geschehens **nicht aus.** Jede Absicht wird von vielen Faktoren gespeist, erst diese machen sie verständlich und plausibel. Der Autor muss wissen wollen, was genau die Frau an der Beziehung und am Verhalten des Mannes stört, was für Ansprüche sie an diese Beziehung hatte und immer noch hat, und welche Ereignisse und Veränderungen sie zu ihrer Entscheidung getrieben haben.

Die Figur hat einen bestimmten **Wunsch**: Sie möchte den Umständen, die sie unglücklich machen, entkommen und (wieder) glücklich werden. Sie verfolgt eine gewisse **Absicht** (die Trennung) und hofft, sich auf diese Weise ihren Wunsch erfüllen zu können. Der Wunsch ist der innere, emotionale Antrieb der Figur, die Absicht erfordert eine Strategie, mit der sie ihr Ziel zu erreichen versucht. Sowohl Wunsch als auch Absicht sind am Anfang des Romans deutlich zu machen und während des ganzen Romans im Auge zu behalten.

Natürlich möchte der Leser auch wissen, welche Wünsche der Mann hat und was er zu unternehmen gedenkt, um sie sich zu erfüllen, was er seiner Frau vorzuwerfen hat und warum er beabsichtigt, sich der Trennung so vehement zu widersetzen.

Die Hauptfigur befindet sich jedoch nicht nur im Konflikt zu ihrem Gegenspieler, auch ihre **inneren Konflikte** sind von wesentlicher Bedeutung. Sie lassen sie lebendiger und authentischer wirken, die Handlung wird durch sie komplexer. Wie jeder „wirkliche" Mensch hat auch die Figur widersprüchliche und ambivalente Regungen und Wünsche. Ihre inneren Probleme sind von Anfang an gemeinsam mit den äußeren darzustellen, damit beim Leser ausreichend Interesse für die Figur geweckt wird. Die Frau, die sich trennen möchte, leidet etwa nicht nur unter der Vernachlässigung durch ihren Mann oder an seiner Gleichgültigkeit, sondern auch unter ihrer Unfähigkeit, sich dagegen zu wehren bzw. ihren Mann zur Rede zu stellen. Immer wieder ist sie nahe dran, es zu tun, aber im letzten Augenblick verlässt sie der Mut und sie findet wieder Ausreden, es nicht zu tun. Oder sie ist hin- und hergerissen zwischen guten Gründen, ihren Mann zu verlassen, und guten Gründen, ihn nicht zu verlassen.

Dasselbe gilt für den Kontrahenten. Auch dem Mann müssen äußere und innere Konflikte zugeteilt werden, um ihn als vielschichtigen und ergiebigen Gegner zu etablieren, dessen Reaktionen nicht immer vorhersehbar sind. Hin und wieder treten an ihm ungeahnten Seiten in Erscheinung, die die Handlung beeinflussen und die Komplexität des Konflikts bereichern.

An dieser Stelle hört man vonseiten angehender Autoren manchmal den Einwand: Es gibt doch nicht nur aktive Helden, die ein Ziel haben, das sie mit allen Mitteln zu erreichen trachten, sondern auch **passive Helden,** die nichts erreichen wollen.

Gibt es sie wirklich? Nein, es gibt sie nicht. Sogar eine Figur, die nichts erreichen will, die sich treiben lässt, alles verweigert, sich entzieht, ausweicht oder flieht, kann, um so zu leben, nie und nimmer passiv sein. Um so zu leben, ist Anstrengung vonnöten. Die gesellschaftlichen, ökonomischen, familiären und inneren Ansprüche, denen auch diese „passive" Figur – wie jede Figur in der außerliterarischen Realität – ständig ausgesetzt ist, sind nur durch aktive Maßnahmen abzuwehren. Diese erfordern oft mehr Energien, mehr aktive Phantasie und aktives Engagement als das Verfolgen eines einfachen Ziels. Auch der „passive" Held muss Entscheidungen treffen, Wendepunkte, Siege und Niederlagen bewältigen, um an sein Ziel zu kommen: zum Beispiel endlich nichts mehr für irgendjemanden oder für irgendetwas tun zu müssen! Endlich vor allem und allen Ruhe zu haben!

Ein klassischer „passiver" Held ist Oblomow im gleichnamigen Roman von Iwan Gontscharow (1859), er verbringt seine Tage im Bett und möchte nichts unternehmen. Aber auch Oblomow ist ziemlich beschäftigt und hat Wünsche und Ziele, die er verfolgt. Einen Menschen, der absolut nichts tut, gibt es nämlich nicht (außer er liegt im Koma), über ihn gäbe es nichts zu erzählen (außer über seine Umgebung und deren Aktivitäten), die Erzählung würde niemanden länger als eine halbe Seite interessieren. Gewiss wäre der Protagonist einer solchen Erzählung nicht der

Koma-Patient, sondern ein Pfleger oder eine Mit-Patientin, ein Verwandter oder eine Ärztin.

Die Figur hat ein Eigenleben

Manchmal werden Eigenschaften und Verhaltensweisen der Figuren erst beim Schreiben deutlich. Der Autor lernt seine Figuren erst durch die Arbeit am Roman näher kennen. Beim Schreiben einer Szene ergibt sich immer wieder die Notwendigkeit, eine Aktion oder Reaktion zu erfinden, die man ursprünglich gar nicht geplant hatte, die aber von Handlung und Figur in diesem Augenblick verlangt werden und die beide interessanter machen. Das fügt dem Gesamtcharakter einer Figur weitere wichtige Nuancen hinzu. Die Erfahrungen, die man als Autor beim Beschreiben ihrer Aktionen macht, erweitert und vertieft die Kenntnis ihrer Eigenschaften, Fähigkeiten und Unfähigkeiten, Fixierungen und Sturheiten, Stärken und Schwächen, und damit erweitert sich auch ihr Handlungsspielraum und Handlungsrepertoire. Das ist so lange voranzutreiben, bis man seine Figuren so gut kennt wie einen alten Bekannten, dessen Verhaltensweisen man einigermaßen einschätzen und voraussagen kann.

Zu diesem Zweck empfiehlt es sich manchmal, eine **Biografie** der Hauptfigur zu verfassen, angefangen bei ihrer Geburt bis zum Augenblick ihres Auftritts in der Erzählung, samt Angaben zu Kindheit, familiärer Situation, entscheidenden Erlebnissen, Liebesgeschichten und Ausbildung. Auf diese Weise erfährt man, mit welchen Problemen und Voraussetzungen sie in die erzählte Geschichte eintritt, die ja oft nur ein Ausschnitt ihres Lebens ist, und in welchem Ausmaß sie auf das Kommende vorbereitet ist oder auch nicht. (Eine gängige Methode beim Drehbuchschreiben, wo die Figur ja besonders realistisch erscheinen muss, da von ihr nicht nur erzählt wird, sondern sie als lebendige Person auch im Bild auftaucht und überzeugend sein soll.) Man findet heraus, welche Voraussetzungen sie für die Geschichte mitbringt, in die sie hineingerät, und welche Informationen man dem Leser liefern muss, damit er die Handlung und die Aktionen der Hauptfigur versteht, ohne Irritationen und ohne Rückfragen an den Autor. In klassischen Romanen füllen die Biografie der Hauptfigur und die Beschreibung ihres aktuellen Problems oft die ersten Seiten. Heutzutage steigen Romane meist gleich in die Handlung ein und die Informationen zur Figur, die nötig sind, um sie zu verstehen, werden nachgereicht. Das dramaturgische Geschick besteht dabei darin, sie nicht zu spät, im richtigen Ausmaß, an der richtigen Stelle und in der richtigen Form, ohne den Erzählfluss zu stören, zu liefern.

Hauptfigur und Nebenfiguren

Allerdings sollte man sich davor hüten, zu viele Figuren einzuführen. Jede Figur braucht, sofern sie nicht eine sehr kurz auftretende Nebenfigur ist, einen eigenen Charakter, der sich von dem der bisher eingeführten Figuren – Protagonist und Antagonist – klar unterscheidet. Außerdem muss jeder Figur eine überzeugende Funktion im Rahmen der Geschichte zugewiesen werden. Das nimmt viel Platz ein und muss durch die Geschichte gerechtfertigt werden, sonst besteht die Gefahr, dass Nebenhandlungen entstehen, etwa die Ehegeschichte einer Freundin, die der Hauptgeschichte nicht bereichernd zuarbeiten, sondern eine eigene Dynamik entwickeln und von der Hauptgeschichte ablenken. Oft entstehen auf diese Weise störende Doubletten und Wiederholungen.

Besonderes Augenmerk ist den Beziehungen der nicht unmittelbar am Hauptkonflikt beteiligten Figuren zu den Hauptfiguren und gegebenenfalls auch untereinander zu schenken. Ihre Funktion muss immer wieder überprüft und untersucht werden. Eine gute Freundin etwa, mit der sich unsere Protagonistin A in Krisenzeiten berät, darf nicht nur Beichtstuhl und Grabstein sein, ihre Beziehung zu A darf sich auch nicht in einem Frage- und Antwortspiel erschöpfen, sondern sie sollte ähnliche Probleme wie A haben oder auch ganz andere, die sie als Gesprächspartnerin und nützliche Figur des Romans qualifizieren, dem sie einen wichtigen Aspekt hinzufügt. Wie bereits erwähnt, darf sich ihre Geschichte allerdings nicht allzu sehr in den Vordergrund drängen und verselbstständigen. So könnte ein Dialog zwischen ihr und A zum Beispiel dazu dienen, dem Leser Dinge zu erklären und zu schildern, die A, von ihrer Freundin ermuntert und provoziert, sich bisher nicht einmal selbst eingestanden hat, zum Beispiel, dass der Sex mit ihrem Noch-Ehemann schon lange nicht mehr befriedigend ist und sie sich nach etwas Neuem sehnt. Alle Figuren müssen direkt oder indirekt in engem Bezug zu A oder deren Widersacher B stehen. In gleicher Weise müssen alle Geschichten, die zusätzlich erzählt werden, in Bezug zur Hauptgeschichte stehen und diese um eine Dimension erweitern.

Plastische Figuren

Um den Charakter einer Figur zu eruieren, ist es mitunter hilfreich, sich gute Bekannte vorzustellen, vor allem solche, die spezielle Eigenschaften besitzen, die etwa – zur obigen

Trennungsgeschichte passend – besonders eifersüchtig sind, zu Brutalität oder zu Mutlosigkeit neigen. Ein unerschöpfliches Reservoir ist natürlich der Autor selbst. In sich findet er so ziemlich alles, was er für die Konstruktion einer Figur brauchen und zugespitzt, übertrieben oder radikalisiert darstellen kann. Das bisschen Eifersucht, das man selbst empfindet, kann zu einem schönen und dramatischen Eifersuchtswahn aufgeblasen werden. Man weiß ja, was man im Eifersuchtsmodus denkt und fühlt, was man sich einbildet und zusammenphantasiert. Mithilfe eigener Erfahrungen und Emotionen ist Authentizität und Glaubwürdigkeit einer Figur überzeugend herstellbar. Zu diesem Zweck sollte man tief in sich hineinblicken!

Ziel sollte sein, **prägnante Figuren** zu konstruieren, deren Eigenschaften, Nöte und Probleme, Ängste und Sehnsüchte man aus dem Alltag kennt. Um den Leser dafür zu interessieren, müssen ihre Besonderheiten allerdings auf die Spitze getrieben werden. Sie müssen konzentriert in mitreißende existenzielle Konflikte münden, überraschende, mitunter auch erschreckende Eskalationen auslösen, dem Leser aber auch ergreifende und beglückende Momente bescheren. Karikaturen, Stereotypen und Klischees sollten unbedingt vermieden werden: Ein Sportbesessener ist nicht nur sportbesessen, er geht vielleicht auch ins Kino, und ein krankhaft Eifersüchtiger ist nicht ununterbrochen eifersüchtig, sondern vielleicht auch ein guter Liebhaber und ein guter Koch.

Handlung

Sobald die Hauptfigur und ihr Widersacher fürs Erste klar sind und man nichts mehr hinzuzufügen weiß, beginnt die Konstruktion der Geschichte beziehungsweise das dramaturgische Ordnen all jener Handlungselemente und Szenen, die man bereits gesammelt und aufgeschrieben hat.

Man möchte also einen Roman über das Ende einer Beziehung schreiben. Wir haben eine Hauptfigur, eine Frau (A), und ihren Widersacher, einen Mann (B). Und wir haben eine Vorstellung von ihrem Charakter, ihren Absichten und Zielen. Die Geschichte, die wir erzählen wollen, könnte man in drei Sätzen zusammenfassen, etwa so:

Eine Frau (A) hat Probleme in der Beziehung mit ihrem Mann (B) und möchte sich von ihm trennen. Dabei treten weit mehr Schwierigkeiten auf, als A gedacht hat, aber letztlich gelingt die Trennung doch. A beginnt ein neues Leben.

Das ist die Idee einer Erzählung, aber noch keine Erzählung. Auch noch nicht interessant genug, eine Allerweltsgeschichte. Dennoch empfiehlt es sich, eine solche **Kurzfassung** zu finden und niederzuschreiben. Auf diese Weise hat man den Plan der Geschichte und auch den Bogen des Romans, der sich vom Anfang („Probleme in der Beziehung") bis zum Ende („ein neues Leben") spannen soll, ständig vor sich und verliert Sinn und Richtung der Geschichte nicht so schnell aus den Augen.

Um eine richtige Erzählung daraus zu machen, muss man Szenen erfinden und sie gemeinsam mit den Skizzen und Szenen, die man eventuell schon niedergeschrieben hat, in eine bestimmte **Reihenfolge** bringen.

Im Zentrum stehen die Schwierigkeiten der Trennung, die in einem Hauptkonflikt zwischen A und B kulminieren. Sie interessieren den Leser wahrscheinlich am meisten und sollten deshalb auch den Autor am meisten interessieren. Auch wenn es ohnehin klar zu sein scheint, dass man als Autor genau diesen Konflikt im Auge hat – genau deswegen erzählt man die Geschichte ja! –, empfiehlt es sich, sich diese Tatsache und diesen Konflikt – beim Schreiben eben mithilfe der obigen drei Sätze – immer wieder vor Augen zu halten. Die Gefahr, abzuschweifen, sich in Nebensächlichkeiten zu verlieren und die Konfliktszenen immer wieder hinauszuschieben, sie nicht in erforderlichem Maße zuzuspitzen und in ihrer Brisanz zu formulieren, ist nämlich groß.

Der Plot muss daher von diesem **Mittelpunkt** aus **nach vorne** und **nach hinten** konstruiert werden. Nach vorne mit Szenen im Sinne von: Wer sind die handelnden Figuren und wie geraten sie in Konflikt miteinander? Und nach hinten mit Szenen im Sinne von: Was sind die Folgen des Konflikts?

Die oben genannten drei Sätze, mit denen wir die Geschichte skizziert haben, entsprechen den **drei Akten** eines klassischen Dramas:

Der erste Satz: *Eine Frau (A) hat Probleme in der Beziehung mit ihrem Mann (B)*, entspricht dem **ersten Teil** des **1. Aktes**. Das ist die **Ausgangssituation:**
Die beiden handelnden Figuren werden vorgestellt. Ihr Beziehungsalltag wird geschildert, ihr Verhalten, die Probleme, die sie miteinander haben. Man erfährt, was sie einander vorwerfen, was sie sich wünschen, welche unterschiedlichen Vorstellungen sie hinsichtlich ihrer Lebenspläne haben. Dabei erhält man erste Informationen über ihre äußeren und inneren Konflikte. Noch ist aber nicht von Scheidung die Rede. Die Idee einer Scheidung

taucht bei A ganz plötzlich – vielleicht nach einem großen Streit – auf. Oder sie lernt einen Mann kennen, der
ihr gefällt, mit dem sie zwar kein Verhältnis beginnt, der
ihr allerdings die Möglichkeit eines anderen, besseren Lebens vor Augen führt.

Der Status quo, der **Normalzustand,** wird dadurch ge-
stört. In der Dramaturgie bezeichnet man diesen Moment
als **Anstoß.** Er motiviert die Hauptfigur, darüber nachzudenken, ob sie ihre Idee, sich zu trennen, auch wirklich
in die Tat umsetzen will. Die spannende Frage heißt nun:
Wie wird sich A entscheiden?

Im **zweiten Teil** des **1. Aktes** beschäftigt sich A intensiv
mit dieser Frage. Sie überlegt das Für und Wider, Risi-
ken und Chancen der Trennung. Sie berät sich mit einer
Freundin, zögert. Sie traut sich noch nicht, eine entsprechende Entscheidung zu treffen, versucht vielmehr, die
Beziehung zu retten. Vielleicht spielt auch ein Kind eine
Rolle. Aber es kommt zu weiteren Ereignissen, die sie darin bestärken, den Schritt doch zu tun, obwohl es zwi-
schendurch auch überraschende glückliche Momente
gibt, die sie an ihrem Vorhaben zweifeln lassen. Da tritt
ein entscheidendes Ereignis ein, zum Beispiel: Ihr Mann
schlägt sie.

Das ist der erste große **Wendepunkt** in der Geschichte,
ein Ereignis, aufgrund dessen A eine endgültige Entscheidung trifft. Sie teilt ihrem Mann mit, dass sie sich scheiden lassen möchte. A ist zu diesem Zeitpunkt derart in
die Enge getrieben, dass es für sie – und auch für den Leser – keinen anderen Ausweg zu geben scheint. Sie muss
eine Entscheidung treffen, die ihrer Lebenssituation und
dem Verlauf der Geschichte eine völlig neue Wendung
gibt. Die entscheidende Frage an diesem Punkt der Er-

zählung lautet: Was steht auf dem Spiel? Was wäre, wenn sie sich nicht trennte? Die Antwort muss lauten: Es wäre eine Katastrophe! Womit sich für die Frau, will sie nicht in die Katastrophe schlittern, nur ein Weg anbietet: eben die Trennung.

Identifikation

Unbedingt ist darauf zu achten, dass diese Wende von der Hauptfigur aufgrund eines sie betreffenden entscheidenden Ereignisses herbeigeführt wird und von keiner anderen Figur. Mit dieser Wende beginnt nämlich der eigentliche Konflikt und somit die Geschichte. Und da die Frau die Hauptfigur ist, für die sich der Leser interessieren soll, muss sie eine Absicht und ein Ziel formulieren und damit den Konflikt vom Zaun brechen.

Identifikationspotenzial besteht nämlich nur mit aktiven Figuren: Der Leser will sehen, wie verhält sich die Figur angesichts des ihr widerfahrenden Unbills. Reine Passivität ist literarisch so gut wie nicht darstellbar. Wenn jemand als reiner Spielball äußerer Mächte dargestellt wird, ist das unplausibel oder zumindest langweilig.

Spätestens ab diesem Zeitpunkt lebt und bangt der Leser mit der Figur und hofft, dass sie ihr Ziel erreicht. Die Erwartung des Lesers ist geweckt und der Hauptspannungsbogen beginnt: Wird die Entscheidung, die sie getroffen hat, belohnt oder ist sie ihr Untergang? Wird sie den Schwierigkeiten gewachsen sein? Wie wird sie sie meistern?

Diese Fragen stellt sich der Leser, er entkommt ihnen nicht, weil die Entscheidung der Frau auch seine Entschei-

dung geworden ist. In den Anfangsszenen hat er miterlebt, welche äußeren und inneren Qualen sie zu erleiden
hat. Der Autor hat den Leser dazu gebracht, mit der Frau
mitzufühlen, ihre Situation zu verstehen und schließlich
nichts sehnlicher zu wünschen, als dass die Frau endlich
diesen Mann verlässt. Damit ist der Leser, ehe er sich's
versieht, für die Entscheidung mitverantwortlich gemacht
und zum Komplizen der Frau geworden.

Wenn dem Autor dies gelingt, kann er sich glücklich
schätzen. Er hat den Leser eingefangen, fest an seine
Hauptfigur gebunden und seine Identifikation mit ihr besiegelt. Ihr Konflikt ist auch sein Konflikt. Damit kann er
nun gut weiterarbeiten und die Frau durch Himmel und
Hölle schicken – der Leser wird ihm mit größter Erwartung, gespannt und hörig folgen. Und sein Interesse wird
erst enden, wenn er weiß, wie der Kampf zwischen Frau
und Mann ausgegangen ist. Und ob sie gesiegt hat.

Der Hauptteil

Mit diesem ersten Wendepunkt ist der 1. Akt, der erste
Spannungsbogen, zu Ende. Die handelnden Personen und
ihr Konflikt stehen gut sichtbar bereit, das Schauspiel
kann beginnen!

Der zweite Satz *Dabei treten weit mehr Schwierigkeiten
auf als A gedacht hat, aber letztlich gelingt die Trennung
doch* entspricht dem **2. Akt.** Er entfaltet den *zweiten und
größten Spannungsbogen.*

Der Mann ist nämlich mit der Scheidung nicht einverstanden. Er führt die Besitzverhältnisse, das Kind und

seine Karriere ins Treffen. Er zieht nicht aus, verfolgt seine Frau, lässt sie beschatten, engagiert Rechtsanwälte, versucht Dinge über sie in Erfahrung zu bringen, mit denen er sie unter Druck setzen kann. Entscheidend für die Spannung ist, dass seine Aktivitäten sich **steigern,** er immer größeren Druck ausübt und dass A immer größere Hindernisse zu überwinden hat, sie immer mehr in Gefahr gerät und die Situation für sie zunehmend unbewältigbar erscheint.

Ihr geht zum Beispiel das Geld aus, sie wird entlassen, das Kind wird entführt und so weiter und so fort. Mit einem Wort: Der Mann erfindet immer neue, wirksamere Mittel, um die Scheidung zu verhindern, und die Frau hat immer weniger Kraft und Ressourcen, um das zu unterbinden und sich dagegen zur Wehr zu setzen.

Dabei gibt es mehrere **kleinere Wendepunkte.** Siege und Niederlagen wechseln einander ab und zermürben A, sodass sie nahe daran ist, sich in ihr Schicksal zu fügen und die Scheidung zu unterlassen. Die Geschichte eskaliert und treibt einer scheinbar nicht mehr zu vermeidenden Tragödie zu.

Am Ende aber, als ihre Verzweiflung am größten ist und sie vielleicht sogar an Flucht oder Selbstmord denkt, tritt plötzlich ein Ereignis ein, das die Scheidung doch noch ermöglicht: Sie erfährt zum Beispiel, dass ihr Mann auch schon seit Langem Freundinnen hat, dass er in kriminelle Praktiken der Firma verstrickt ist oder dass er den Bogen seiner Überwachungs- und Verleumdungsaktivitäten überspannt hat und es dafür handfeste Beweise gibt.

Dieses wieder die Hauptfigur unmittelbar betreffende Ereignis löst erneut eine Reaktion aus und lenkt die Handlung in eine neue Richtung: zum Ziel hin, zur Scheidung. Es ist die **zweite große Wendung** am Ende des zweiten Akts. Knapp vor dem Ende des 2. Akts erreicht die Hauptfigur entweder ihren absoluten Tiefpunkt, aus dem sie sich letztlich doch noch rettet, oder – die tragische Variante – sie steht auf der Höhe eines vermeintlichen Sieges und stürzt jäh ab.

Erzählerische Gerechtigkeit

Bei der Auseinandersetzung der Protagonistin und ihres Kontrahenten, bei der Schilderung ihrer Haltung und ihres Verhaltens in der Scheidungsschlacht ist jedoch unbedingt auf **erzählerische Gerechtigkeit** zu achten.

Beide Figuren sollten in der Regel vom Autor gerecht behandelt werden. Der Autor muss alles aufbieten, um Positionen, Motive, Absichten und Aktionen beider Figuren verständlich zu machen. Die Figuren sind vor möglichen Vorurteilen und zu schnellen Aburteilungen durch den Leser zu schützen. Der Autor hat die Pflicht, seine Figuren, auch den Antagonisten, mit allen Mitteln zu verteidigen, deren Verhalten, Verirrungen und mitunter auch deren unverständlich erscheinende, verabscheuungswürdige Aktionen plausibel und dem Leser verständlich zu machen.

Außer der Autor legt seinem Protagonisten eine radikal subjektive Suada in den Mund, wie zum Beispiel Margit Schreiner in dem Roman *Haus, Frauen, Sex.,* in dem ein verlassener Ehemann wehleidig sein ganzes Lebensleid hinausposaunt. Allerdings sollte die objektive Wahrheit auch hier – wie in einem Vexierbild – aufgrund von Übertreibungen und Zuspitzungen zutage treten, sonst läuft die radikal subjektive Perspektive Gefahr, als monoton, einseitig und unplausibel wahrgenommen zu werden und nichts über die Realität zu erzählen, sondern nur einem subjektiven Gefühl zum Ausdruck zu verhelfen.

Vor allem die Aktionen, die der Autor genauso wenig billigt und entschuldigt wie der Leser, muss er im Sinne der Figuren motivieren und aus deren Sicht und aus deren Situation heraus erklären. Keinesfalls sollte ein Schwarz-Weiß-Bild entstehen.

Der Ehemann zum Beispiel ist nicht nur ein Monster, das mit aller Brutalität seinen Besitzstand retten möchte, und die Ehefrau ist nicht nur das schwache, wehrlose Opfer.

Ein Kampf zwischen einem von Anfang bis Ende als unbesiegbar beschriebenen Starken und einer ebenso von Anfang bis Ende als vollkommen hilflos beschriebenen Schwachen wäre ein langweiliger Kampf. Die Handlung wäre voraussehbar und der Kampf von vornherein entschieden. Er verliefe eindimensional. Und eindimensional wären dann auch die Figuren. Aufgrund ihrer Unveränderbarkeit wären es flache und uninteressante Typen. Mit Typen ist aber kein spannender und abwechslungsreicher Konflikt zu gestalten.

Es sollte vielmehr gezeigt werden, dass der Mann nicht nur aus Rache oder Besitzgier seine Frau quält und verfolgt, sondern weil er unter Umständen an Verlustängsten leidet oder an einer panischen Angst vor den Blicken und Kommentaren seiner Konkurrenten in der Firma, vor Reputationsverlust und somit vor der Gefahr, sich den bevorstehenden Karrieresprung zu vermasseln, oder davor, nach der Trennung in seinem Alter keine neue Familie mehr gründen zu können. Alle diese Gründe entschuldigen sein Verhalten zwar nicht, machen es aber verständlich und zeigen seine Not, aus der er offenbar nur mit einem brutalen Vorgehen zu entkommen glaubt. Die Frau hingegen mag am Anfang wehrlos erscheinen, stellt sich aber im Laufe des Kampfes um ihre Existenz und bei der Abwehr der ständigen Attacken und Untergriffe ihres Mannes plötzlich als durchaus wehrfähig heraus, versteht Angriffe raffiniert abzuwehren und schreckt selbst vor schmutzigen Tricks und zweifelhaften Strategien nicht zurück. Sie beginnt ebenfalls brutale Aktionen zu setzen, um sich zu schützen und den Kampf zu ihren Gunsten zu entscheiden.

Die Figuren sollten voller Überraschungen stecken und mitunter auch das Gegenteil von dem ins Spiel bringen, wie sie ursprünglich definiert wurden, mitten im Kampf vielleicht auch einen Moment lang zur Besinnung kommen und angesichts des Wahnsinns, der zwischen ihnen tobt, erschrocken innehalten.

Für einen spannenden Konflikt sind immer zwei ebenbürtige, gleich starke Figuren notwendig.

Finale

Der dritte Satz *Und A beginnt ein neues Leben* entspricht dem **3. Akt** der Geschichte, in dem A nach vollendeter Trennung ihr Leben neu organisiert, übersiedelt und mit einem neuen Mann – oder auch ohne Mann, nur mit ihrem Kind und mit einer neuen Arbeit – ein neues Leben beginnt.

Am Ende des Romans sollten sich die Situation der Figuren, ihre Haltungen und ihr Leben entscheidend geändert haben.

Chronologisch oder nicht

Der französische Regisseur Jean-Luc Godard sagte: *Eine Geschichte hat einen Anfang, eine Mitte und ein Ende. Aber nicht unbedingt in dieser Reihenfolge.*

Für unsere Trennungsgeschichte könnte das zum Beispiel bedeuten: Man beginnt den Roman mit der Mitteilung der Scheidungsabsicht, also mit dem Ende des 1. Akts, oder mit der Entführung des Kindes im 2. Akt oder gleich mit dem Ende des Romans.

Es obliegt dem Geschick, der Erfahrung und Phantasie des Autors sowie seiner Innovationslust und Innovationsfähigkeit, kühne Formen und außergewöhnliche, neue dramaturgische Erzählstrukturen zu erfinden und mit ihnen zu experimentieren. Die Elemente klassischer Dramaturgie sind dazu bereit und fähig, neue Verbindungen einzugehen und neue Abfolgen, neue Spiele zu ermöglichen.

Spannung

Ein Roman besteht aus mehreren größeren und kleineren **Spannungsbögen.** Der größte Spannungsbogen umfasst den ganzen Roman. Kleinere Spannungsbögen umfassen die einzelnen Handlungsabschnitte, einzelne Kapitel, einzelne Szenen und Akte. Sie sind integrale Bestandteile der Gesamtspannung des Romans. Sie fügen sich aneinander, bauen aufeinander auf, steigern sich zu einem fortschreitenden Konflikt und sorgen dafür, dass die Spannung nicht nachlässt, schon gar nicht abreißt. Es ist genau zu überprüfen, wie lang jede dieser Teilspannungen anhält und wann die nächste fällig ist.

Der Leser gewöhnt sich rasch an Intensität und Qualität einer Spannung. Mit Tricks und Strategien kann man sie über viele Seiten ausdehnen und ihn damit bei Laune halten, allerdings nicht ewig. Dann muss eine neue her, mit einer neuen Qualität – mit einem neuen Hindernis, mit einem neuen Problem – und einer womöglich gesteigerten Intensität.

Wann genau die entscheidenden Ereignisse, die Wende- und Höhepunkte eintreten, hängt von der Geschichte ab und davon, ob die Einfälle bis dahin gut genug sind, um das Interesse des Lesers wachzuhalten und ihn nicht allzu ungeduldig werden zu lassen. Auf keinen Fall darf man den Leser verlieren! Hat man ihn einmal so gelangweilt, dass er aussteigt, ist es schwer, ihn zurückzuholen. Man kann von Glück reden, wenn er das Buch nicht gleich in eine Ecke schleudert, sondern so wohlwollend und optimistisch ist, dass er es noch einmal mit einem neuerlichen Einstieg und mit ein paar weiteren Seiten versucht. Wenn die auch nichts zu bieten haben, ist er meist für immer verloren.

Dem Leser muss jedenfalls sehr bald, vielleicht auf den ersten fünf bis zehn Seiten, klar sein, wie die Hauptfigur beschaffen ist und in welcher spezifischen (problematischen) Situation sie sich befindet. Natürlich kann die Schilderung dieser Situation auch länger dauern, sofern das Geschilderte von Interesse ist. Man darf und soll den Leser durchaus auf die Folter spannen. Im Grunde spürt man selbst sehr schnell – etwa wenn man sich den Text laut vorliest –, ob und wie lange eine Passage trägt oder nicht, und wann ein Ereignis, eine Wendung oder ein Hindernis eintreten muss, damit wieder Spannung erzeugt wird. Allerdings ist ein unvoreingenommener, ehrlicher Blick erforderlich, um sich einzugestehen: Diese Passage ist entsetzlich langweilig! Weg damit! Oder: Neu überlegen und neu schreiben! Man muss mit dem eigenen Text streng sein, ihn zurechtstutzen und sich nicht alles von ihm aufschwatzen lassen! Auch wenn er noch so schön zu klingen versucht!

Entscheidend im Sinne der Spannung sind **Konfliktintensität** und **Konfliktdichte** des Erzählten. Die Aufmerksamkeit des Lesers muss auf Trab gehalten werden und darf nicht eingeschläfert werden. Die Figuren sollen interessant sein, widersprüchlich, sie sollen viele Nuancen, vielleicht einen hervorstechenden Charakterzug aufweisen, der den Hauptgang der Handlung bestimmt, aber auch andere, miteinander im Widerstreit liegende Züge. Die Figuren sollen nicht ausschließlich „gut" oder „böse", schwach oder stark, im Recht oder im Unrecht sein: Im Laufe der Geschichte sollten sie sich als beides herausstellen. Sie haben eine Hauptabsicht, einen Hauptwunsch, aber jede Menge Nebenabsichten und weitere Wünsche, die einander im Wege stehen, einander bekämpfen, zum Verschwinden bringen wollen, einander aber auch unterstützen und fördern. Vor allem die Hauptfigur muss immer wieder aufs Neue mit scheinbar unbewältigbaren Konflikten eingedeckt und konfrontiert werden: Sie ist ihnen ausgesetzt, wird von ihnen gequält, provoziert, beschämt, diskriminiert, bis zur Erschöpfung gefordert und zur Schnecke gemacht und in den Abgrund gerissen, aber auch motiviert, zu neuen Ideen inspiriert und in die Lage versetzt, rettende Fähigkeiten zu aktivieren. Die Handlung selbst soll mit Überraschungen und kontinuierlich eskalierenden Auseinandersetzungen durchsetzt sein.

Im Sinne der Spannung sind **Steigerungen** von elementarer Bedeutung. Viele Romane plätschern gleichförmig dahin, eine einmal gefundene Handlungsebene reicht für Hunderte Seiten, es gibt keine Entwicklung, keine Veränderung der Hauptfigur und ihrer Situation. Der Autor hat sich nicht die Mühe gemacht, den Text abwechslungsreich zu gestalten, die Dynamik immer wieder rechtzeitig anzuwerfen und Augenmerk darauf zu legen, dass eine Erzählung eine lebhafte Bewegung in der Zeit, eine Abfolge von disparaten Ereignissen ist, die immer neue Ereignisse aus sich heraus entwickelt und nötig macht, sodass die Ereignisse aufeinander aufbauen und ein Erzählgebäude entsteht, in dem es ein Unten und ein Oben und nicht zu viel Nebeneinander gibt.

Der Autor muss allerdings bis zum Dach hinaufsteigen und nicht schlapp im Parterre verharren und launig oder wichtigtuerisch dahinplaudern. Das Vertrauen darauf, dass die bloße Inszenierung einer vielleicht kunstvoll ausstaffierten Prosa, eines Stils oder einer Sprache oder die Aneinanderreihung von Situationen ausreiche, um einen ganzen Roman interessant zu machen, führt in der Regel schnurstracks ins Verderben. Um das zu verhindern, müsste schon eine besondere sprachliche und literarische Originalität aufgeboten werden!

Der **Konflikt** ist im Roman allgegenwärtig, muss allgegenwärtig sein. Denn nur der Konflikt treibt voran. Nur zwei einander widerstrebende Seiten eines Konflikts erzwingen ein Drittes, eine Lösung, die in einer neuen Umgebung auf der nächsthöheren Ebene sofort wieder einen Konflikt entfacht, der seinerseits wieder auf eine Lösung drängt, die auf der nächsthöheren Ebene sofort wieder in einen Konflikt mündet und so fort. So bekommt der Text Dynamik. So kommt er voran. So krallt sich die Erzählung hoch.

Lange vor der Erfindung des Spielfilms war diese Dramaturgie Standard in der Erzählprosa, wurde vom Erzählkino übernommen und wirkt auch in der erzählenden Gegenwartsliteratur weiter. Erzählen funktioniert eben nur so. Allerdings in den einfallsreichsten Varianten und Variationen. Bei Texten der Avantgarde oder einer gewissen zeitgenössischen Literatur geht es zwar nicht unbedingt um spektakuläre äußere Handlungen und prononcierte Action, sondern um ganz andere Bereiche des Erzählbaren – um Gedankengänge, Ortsbeschreibungen, Stimmungen, psychische Vorgänge, innere Monologe etc. – dennoch sind Einleitung, Bekanntmachung mit Stoff und Thema und deren Entwicklung stets Voraussetzung für ein lesbares und verständliches Werk. Auch die nichtnarrative Prosa benötigt Dramaturgie. Jeder Satz, jeder Absatz, jeder Beschreibungs- oder Listentext lebt von einer gelungenen dramaturgischen Organisation, von einem bestimmten Nacheinander und von den Wechselbeziehungen seiner Bestandteile.

Dramaturgie ist nicht ausschließlich Handlungsdramaturgie.

Spannung in der Handlung erzeugt man u. a.

- durch die Anfangserwartung: Die Hauptfigur hat bei Wendepunkt 1 ihre Absicht erklärt, wie sie das Problem, das sie beschäftigt, lösen will. Der Leser ist gespannt, ob sie es schafft oder nicht.

– durch die Ausweitung und Zuspitzung des Konflikts: Die jeweiligen einander konträr gegenüberstehenden Haltungen und Absichten der Hauptfigur und ihres Widersachers sind klar und treten gegeneinander an. Der Leser ist gespannt, wer gewinnt.

– durch die Anzahl und Qualität der Hindernisse, die den Aktionen der Hauptfigur, mit denen sie ihr Ziel zu erreichen sucht, in den Weg gelegt werden. Wobei die Hindernisse immer größer werden müssen: das am leichtesten zu bewältigende Hindernis am Anfang, das scheinbar nicht mehr zu bewältigende Hindernis am Ende der Geschichte.

– durch eine damit verbundene, gut kalkulierte Abwechslung von Siegen und Niederlagen der Hauptfigur: durch Indizien, die den Leser um einen Sieg der Hauptfigur bangen lassen bzw. durch solche, die ihn fürchten lassen, die Hauptfigur würde ihre Niederlage nicht überstehen.

– durch eine Bedrohung der Hauptfigur, die dem Leser entweder vollinhaltlich zur Kenntnis gebracht wird (der Ehemann lauert seiner Frau nachts auf oder ein Detektiv verfolgt sie), oder durch Ereignisse, die die Hauptfigur aus gutem Grund als bedrohlich empfindet (die Ehefrau kommt nachts nach Hause und die Balkontür ist offen), oder durch Gegenstände im Besitz des Widersachers, die der Hauptfigur gefährlich werden könnten (eine Waffe oder Papiere, die der Mann aus dem Schreibtisch der Frau entwendet).

– durch Verzögerung (gerade als die Frau ihre Wohnungstür öffnen möchte, wird sie von der Nachbarin in ein Gespräch verwickelt, während ihr Mann im selben Moment in der Wohnung ihren Schreibtisch durchsucht).

– durch eine Androhung von Maßnahmen und Konsequenzen.

– durch Fragen bzw. durch Umformulierung einer Feststellung in eine Frage (statt „Er wird sich betrinken und mir eine Szene machen ..." „Wird er sich betrinken und mir eine Szene machen?").

– durch Hinauszögern einer wichtigen Information (hat er jetzt die Papiere, die er gesucht hat, im Schreibtisch gefunden oder nicht?).

– wenn der Leser mehr weiß als die Hauptfigur (der Leser ist Zeuge der Verfolgung durch den Detektiv oder Zeuge der Unterredung, bei der der Ehemann mit seinem Anwalt einen Plan entwickelt, wie er seine Frau in eine Falle locken könnte. Die Frau weiß von beidem nichts).

– wenn der Leser genauso viel oder genauso wenig weiß wie die Hauptfigur (wer hat die Balkontür geöffnet?).

– wenn der Leser ausschließlich auf Erfahrungen und Wahrnehmungen reduziert ist, die die Hauptfigur gerade macht (extrem subjektive Perspektive: Der Leser erfährt nur, was die Hauptfigur im Moment – beim ängstlichen Betreten eines Hauses oder ihrer Wohnung – sieht, denkt und empfindet).

– wenn der Leser weniger weiß als die Hauptfigur (die Hauptfigur verkleidet sich, setzt sich ohne vorhergehende Erklärung, warum sie das tut, eine Perücke auf und verlässt zielstrebig ihre Wohnung).

- schrittweise, sprachlich ausführliche, konkrete und detaillierte, ungewöhnliche Schilderungen (von Verhaltensweisen, Empfindungen, Ängsten, Beobachtungen).

- Auslassungen (der Mann erwähnt bei einem Gespräch mit seiner Frau Wesentliches nicht, etwa dass er bereits eine Klage eingebracht hat oder dass er eine Freundin hat).

- vorzeitigen Abbruch einer Szene, einer Information (eine Frage wird gestellt, aber erst im übernächsten Kapitel beantwortet, oder die Frau betritt die Kanzlei des „feindlichen" Anwalts, doch den Inhalt der Besprechung erfährt man erst in einem anderen Kapitel).

- Andeutungen auf Kommendes („Du wirst dich noch wundern, was ich alles über dich weiß!").

- Ankündigungen von Taten („Ich werde dich fertig machen!").

- Formulierung von Befürchtungen (die Frau erfährt durch ihre Freundin, was alles auf sie zukommen könnte).

- Phantasien über mögliche schreckliche Ereignisse oder über Konsequenzen von Ereignissen (Spannung: Werden sie eintreten?).

- Schilderung einer Panik (angesichts des Termins beim Pflegschaftsgericht).

- einen eskalierenden Streit (diametral entgegengesetzte Meinungen, Absichten, Haltungen treffen unversöhnlich aufeinander).

- Kontraste: Handlungen und Reden finden an dafür eher unpassenden Orten statt (ein eskalierender Streit in einem Restaurant oder während eines Kindergeburtstags: Was wird das für Konsequenzen haben?).

- überraschende Wendungen, unerwartete Aktionen (tätliche Gewalt, Lach- oder Wutanfälle, Flucht).

Dramaturgische Regeln vergessen und losschreiben

Mit Wissen um Dramaturgie allein lässt sich allerdings kein Roman schreiben. Dramaturgie ist eine Technik, die an und für sich keinen Wert hat; sie braucht Material, um sich zu manifestieren. Es kommt also vor allem auf die Güte des Materials – auf die Idee, das Thema, die Art der Figuren und ihre Konflikte und last but not least auf die Sprache – an, ob ein Roman gelingt oder nicht.

Nützlich ist dramaturgisches Wissen vor allem dann, wenn man im Text Unstimmigkeiten spürt und herausfinden möchte, worin sie bestehen, wenn man sie bewusst identifizieren und benennen möchte. Es sollte als Kontrolle eingesetzt und benützt werden, als Checklist, die man durchgeht, wenn man vor offensichtlich misslungenen Textteilen und Romanabschnitten sitzt und nicht weiter weiß und nicht erkennt, wo was warum falsch oder aus dem Ruder gelaufen ist und wohin man sich vergaloppiert hat. Dramaturgie ist ein Gerüst, eine Ordnungsempfehlung, eine Strukturvorgabe und ersetzt und gewährleistet keinen Einfallsreichtum, keine Schreiblust und keine Fähigkeit, literarisch anspruchsvolle Romane schreiben zu können.

Das ständige Starren auf dramaturgische Gesetze während des Schreibens ist vielmehr kontraproduktiv, verunsichert und blockiert.

Man sollte sich die dramaturgischen Gesetze und Regeln gründlich einprägen, sie dann vergessen und losschreiben.

Der autobiografische Roman

Viele angehende Autoren wollen über ihr tatsächliches Leben schreiben, sie wollen mitteilen, was sie in ihrer Kindheit, ihrem Berufsleben, ihrer Ehe etc. erlebt haben.

Der autobiografische Roman ist keine Autobiografie, sondern eine literarische Gattung, eine Fiktion, die autobiografisches Material mithilfe von literarischen Verfahren zu einem Roman verarbeitet.

Man weiß, nicht das Leben schreibt Geschichten und Romane, sondern der Autor. Darauf wurde im Kapitel *Romanschreiben* (ab S. 47) bereits ausführlich eingegangen. Trotzdem haben angehende Autoren hin und wieder das Gefühl, das eigene Leben oder ein Abschnitt daraus sei interessant genug, um niedergeschrieben zu werden. Die Erinnerung stellt reichlich Material zur Verfügung.

Man weiß jedoch auch, dass keine Erinnerung etwas genau so wiedergibt, wie es wirklich gewesen ist, sondern dass sie eine Erfindung mithilfe erinnerter Details ist. Sie ist eine Fiktion. Sie sagt nichts darüber aus, wie es wirklich gewesen ist, sondern vielmehr darüber, wie man im Augenblick glaubt, dass es gewesen sei. Oder auch, wie man im Augenblick will, dass es gewesen sei. Auch im Alltag erzählt man Erlebnisse auf unterschiedliche Weise, je nach Zuhörer, Anlass oder Situation – mit anderen Akzenten, anderen Details, einer anderen Absicht und einer anderen Aussage. Der Mutter erzählt man mitunter anders als einem Freund.

Man erinnert sich eben nicht an alles oder will sich an manches gar nicht erinnern bzw. lässt Details aus, die nicht zur Erzählabsicht passen, und erfindet dafür neue, besser passende. Selbst im Augenblick des Erlebens blendet man viele Dinge – bewusst oder unbewusst – aus: Dinge, die einem nicht wichtig erscheinen oder die einem unangenehm oder peinlich sind. Wenn man Erlebtes erzählt, gestaltet man es jedenfalls neu und präsentiert eine Erfindung, die dem Erlebten zugleich ähnlich und unähnlich ist.

Das erzählte Erlebte bzw. die Literatur des Erlebten ist also etwas ganz anderes als das tatsächlich Erlebte. In der Literatur erzählt man das Erlebte außerdem nicht einem Bekannten, der einen gut kennt und das Erzählte gut einordnen kann. In der Literatur erzählt man seine Geschichte der Allgemeinheit – vielen potenziellen Lesern, die einen nicht kennen. Der Autor muss seine Geschichte für alle verständlich machen. Er ist also gezwungen, vom Medium des Erinnerns oder des alltäglichen Erzählens in das Medium Literatur zu wechseln. Genauso wie man die Bedingungen einer alltäglichen Mitteilung berücksichtigt – Welches Wissen kann man bei einem Zuhörer voraussetzen? Welche Aussage will man ihm vermitteln? Was könnte ihn interessieren? –, muss man die Bedingungen der literarischen Mitteilung berücksichtigen.

Anstatt einfach alle Erinnerungen chronologisch aufzuschreiben, sollte man sich vielmehr überlegen, was die Leserschaft, die den Autor ja nicht kennt, an diesem Abschnitt seines Lebens interessieren könnte. Wahrscheinlich hat man diese Überlegungen bis jetzt noch nicht angestellt, denn man war bedingungslos davon überzeugt, dass die eigenen Erlebnisse wichtig sind. Das sind sie auch – für einen selbst. Wie aber könnte man sie für andere wichtig machen?

Genau das gilt es, herauszufinden und festzulegen. Auf alle Fälle muss etwas Allgemeines, Wesentliches zum Vorschein kommen, das in den Erfahrungen, von denen man erzählen möchte, ja zweifellos steckt und weswegen man sie auch erzählen möchte. Zu den eigenen Erfahrungen muss etwas hinzugefügt bzw. dadurch entfaltet werden, woran die Leser mit eigenen Erfahrungen anknüpfen können.

Das gilt im Grunde für jeden Roman. Deshalb sollte man sich auch hier die Frage stellen: „Was genau interessiert mich an meinen Erfahrungen? Was möchte ich mit ihrer Hilfe zeigen, thematisieren, klarstellen? Worauf kommt es mir an? Was ist der Kern dieser Erfahrungen? Wie kann ich das anderen klarmachen?" Wie in dem Kapitel *Der literarische Blick* (ab S. 24) bereits ausgeführt, ist das Erzählte einer **Absicht** unterzuordnen.

Welche Erinnerung ist dafür brauchbar? Welche nicht? Wo muss man Szenen hinzuerfinden, weil die Geschichte sonst unverständlich bleibt? Wie – mit welchen Etappen und Schlüsselszenen – soll die Geschichte laufen? Wie soll sie enden? Wie will man sie erzählen? In erster Person, in dritter Person?

Für das autobiografische Material ist wie für jedes andere Material eine geeignete literarische Form zu finden, die in der Lage ist, die Absicht und den Sinn des Dargebotenen optimal zum Ausdruck zu bringen.

Der Roman *Die Königin schweigt* der Autorin Laura Freudenthaler zum Beispiel handelt vordergründig vom Leben ihrer Großmutter. Auf die Frage eines Journalisten, ob sich die Ereignisse im Roman auch tatsächlich so zugetragen hätten wie im Roman geschildert, antwortete die Autorin sinngemäß, sie habe zwar das „Lebensleid" ihrer Großmutter, eine freiwillig gewählte Einsamkeit, als Ausgangspunkt gewählt, jedoch alle Ereignisse im Leben der Romanfigur frei erfunden.

Das Heimtückische des Autobiografischen besteht mitunter darin, dass man ein gewisses Gefühl, das man in einer bestimmten Lebenssituation empfunden hat, partout nicht loslassen möchte, eben weil es eine große Bedeutung hat und Teil der eigenen Identität geworden ist. Irrtümlicherweise nimmt man an, deshalb habe es auch für andere große Bedeutung. Dem ist aber nicht so.

Man fürchtet um die eigenen Gefühle und Erfahrungen. Man will sie, so wie man sie erlebt hat, weder verlieren noch durch literarische Bearbeitung verfälschen. Man will sie nicht fremden Gesetzen unterordnen.

Genau das muss man als Autor jedoch tun. Wenn man einen Roman daraus machen möchte und nicht bloß ein Erinnerungsbuch, in dem Ereignisse und Situationen beliebig aneinandergereiht werden, muss man diese den Gesetzen des literarischen Schreibens unterordnen. Man muss „kalt" und ebenfalls mit „chirurgischem Blick", frei von Sentimentalität, über das biografische Material verfügen, es aus biografischen und emotionalen Zusammenhängen lösen, es dramaturgisch interessant neu erfinden und gestalten und entsprechend den Erfordernissen eines Romans mitunter auch verfälschen und ergänzen, natürlich unter dem Aspekt, unter dem man seine Erfahrungen im Roman sehen möchte. Distanziert und umgeformt ist das **biografische Material** im gelungenen literarischen Werk gut **aufgehoben.**

Dabei hat der Autor oft mit inneren Widerständen zu kämpfen. Unter Umständen traut er sich nicht, Kritisches über nahestehende Personen zu schreiben, aus Angst, sie könnten sich im Buch wiedererkennen und ihn zur Rede stellen.

(Vorsicht ist tatsächlich beim Schreiben über die eigenen Kinder geboten: Sie können sich nicht wehren, sind für ihre Taten nicht zur Verantwortung zu ziehen und nehmen es manchmal sehr übel, sich in einem Roman wiederzuerkennen.) Oder er traut sich nicht, intime oder peinliche Erlebnisse und Phantasien preiszugeben, aus Angst, man könnte ihn damit identifizieren. Hin und wieder scheut ein Autor davor zurück, Böses etwa über seine Mutter auch nur zu denken, geschweige denn zu schreiben, oder brutale, sexuelle oder politisch unkorrekte Szenen oder Dialoge auch nur zu erwägen, geschweige denn sich einzugestehen, dass sie in der Geschichte nicht nur notwendig wären, sondern dass er sie auch gerne in aller Deutlichkeit ausführen würde. Das gilt für alle gesellschaftlichen Tabus. Will der Autor jedoch wahrhaftig bleiben, nötigt die Logik der Handlung ihn jedoch gelegentlich, Tabus zu brechen. Den Ängsten davor sollte man nicht nachgeben.

Abgesehen von **Anonymisierung** (Namen lebender Personen sind ohnehin zu vermeiden) gibt es genug Möglichkeiten, reale Vorgänge zu verschlüsseln, Dinge zu umschreiben oder reale Figuren an andere Orte oder in andere Zusammenhänge zu versetzen, um sich als Autor unangreifbar zu machen. Wie im Kapitel *Perspektive* (ab S. 99) ausgeführt gilt: Der Ich-Erzähler eines Romans ist niemals identisch mit dem Autor und was der Figur zugeschrieben wird, bleibt ausschließlich der Figur zugeschrieben. Darauf muss der Autor bestehen. Vor allem aber gilt, dass eine Romanfigur sogar das Verwerflichste tun und sagen kann, sofern es deutlich der Figur zugeordnet ist. Da gibt es keine Tabus. Und jeder Autor möge sich hüten, sich seine Literatur von etwaigen Moral- und Tabuvorstellungen, die von der Gesellschaft zu Recht aufgestellt worden sind, disziplinieren und somit ruinieren zu lassen.

Perspektive

Eine wichtige Frage muss – auf die Gefahr hin, dass die Entscheidung nach dem ersten Kapitel gleich wieder revidiert wird! – noch vor der Niederschrift des Romans entschieden werden: Welche Erzählperspektive wählt man? Wer erzählt die Geschichte und wie? Aus wessen Perspektive wird die Geschichte gesehen?

Der auktoriale Erzähler

Der auktoriale Erzähler ist allwissend. Er weiß alles über seine Figuren, über deren Vergangenheit und Zukunft, und sagt es auch. Er sagt selbst das, was seine Figuren nicht wissen. Er verfügt über sie wie über Schachfiguren, gibt mitunter Meinungen zu ihnen ab und interpretiert ihr Verhalten. Er erzählt aus einer großen, sicheren Distanz. Er ist keine Figur des Romans, er ist vollkommen außerhalb. In Form einer klaren Erzählhaltung, die auf den Leser als Empfänger abzielt, ist er aber deutlich präsent. Der Leser spürt genau, hier ist jemand, der eine Geschichte vollkommen überblickt und sie mir erzählen möchte. Der Erzähler bemüht sich um mich. Er will und braucht mich als Zuhörer. Er denkt an mich. Er kommuniziert mit mir. Er ist nicht unbedingt identisch mit dem Autor, kann es aber sein.

Im Falle unseres Romans hieße das: Ein vollkommen Unbeteiligter, der sich nicht ausdrücklich vorstellt, die Beteiligten aber gut kennt, erzählt, wie die Trennung verlaufen ist, und macht klar, was ihn daran so besonders interessiert, weswegen er sie unbedingt erzählen möchte. Mann und Frau sind ihm gleich wichtig. Er beschreibt unparteiisch, was SIE denkt, fühlt, will und tut, und auch, was ER denkt, fühlt, will und tut. Er widmet sich beiden eingehend, abwechselnd ihrer und seiner Situation. Er ist objektiv und auf Ausgewogenheit bedacht.

Als A an diesem Morgen aufstand, wusste sie, dass sie eine Entscheidung treffen musste. Sie blickte in den Spiegel und ihr fiel ein, was am Abend davor passiert war. Für gewöhnlich ließ sie sich nichts gefallen, doch diesmal hatte sie zu lange gezögert. B hingegen ahnte noch nichts von dem Gewitter, das aufzog und das ihm noch schwer zu schaffen machen sollte. Während seine Frau noch schlief, hatte er, ohne zu frühstücken das Haus verlassen. Er wollte sich die unausweichlichen Vorwürfe ersparen. Er hatte Kopfschmerzen. Ich hätte gestern nicht so viel trinken sollen, dachte er.

Der Ich-Erzähler

Der Ich-Erzähler hingegen ist beteiligt und parteiisch. Er hat einen guten Grund und ein spezielles Interesse, die Geschichte, *seine Geschichte,* zu erzählen. Meistens erzählt die Hauptfigur – in unserem Fall die scheidungswillige Frau – die Geschichte aus ihrer Perspektive:

Beim Aufstehen war mir klar: Dieser Zustand muss ein Ende haben. Ich schaute in den Spiegel und sah einen großen blauen Fleck auf meinem Oberarm. Das Arschloch hatte gestern zu viel Whisky getrunken und sich nicht mehr beherrschen können. Ich hatte keine Lust, das Badezimmer zu verlassen und ihn in seiner selbstgerechten Art beim Frühstück sitzen zu sehen. Wie hatte es nur so weit kommen können? Bin

ich schuld? In seinen Augen bin immer ich schuld. Ich
horchte. Er wird doch nicht schon gegangen sein? Das
würde ihm ähnlich schauen. Auseinandersetzungen
aus dem Weg zu gehen, vor allem, wenn er Butter am
Kopf hatte, war seine Spezialität.

Mitunter ist der Ich-Erzähler keine handelnde Figur, sondern jemand, der die Geschichte beobachtet und miterlebt
hat und sie in Ich-Form erzählt. Auch wenn dieser Erzähler nicht unmittelbar eine Rolle in der Geschichte spielt,
ist er im Unterschied zum auktorialen Erzähler sehr wohl
(emotional) beteiligt. Er hat ein Eigeninteresse und man
merkt sehr bald, aus welchem Grund er die Geschichte
unbedingt erzählen möchte. Auch wenn er keine handelnde Figur der erzählten Geschichte ist, ist er als Erzähler
eine handelnde Figur des Romans und muss somit als Romanfigur ausgestattet werden. Denn jedes „Ich" in einem
Roman ist eine Romanfigur – mit eigenem Charakter, eigener Geschichte und einer eigenen klaren Absicht.

Für unseren Roman könnte das heißen: Ein Bekannter ist
Zeuge der Vorfälle oder fungiert als Berater, kennt wesentliche Teile der Geschichte und kann sie in Ich-Form
erzählen. Er hat sie hautnah miterlebt und beobachtet, ist
aber nicht direkt involviert.

Gestern habe ich A im Kaffeehaus getroffen. Sie hat
mir einen großen blauen Fleck auf ihrem Oberarm
gezeigt. Wie lange wird sie das noch mitmachen? Ich
habe ihr geraten, sich einen guten Anwalt zu suchen
und das Arschloch so bald wie möglich rauszuwer-
fen. Mit dem Beweisstück am Arm kann das ja kein
Problem sein. Aber ob sie das durchsteht? Sie lässt
sich zwar sonst nichts gefallen, aber in diesem Punkt

*ist sie schwer zu überzeugen. Ich denke, auch wegen
ihrer Tochter. Tina ist offenbar, nach dem, was sie mir
erzählt hat, in einem schwierigen Alter.*

Im Unterschied zum auktorialen Erzähler weiß der Ich-
Erzähler nicht alles. Er kann nur erzählen, was er sieht,
hört, erlebt und was er sich aufgrund von Indizien oder
Bruchstücken zusammenreimt. Und natürlich auch, was
er denkt, was er empfindet und wie er die Ereignisse und
die Haltungen der Kontrahenten interpretiert und ein-
schätzt. Er muss nicht recht haben, kann mit seinen Einschätzungen und Wahrnehmungen vollkommen falsch
liegen, sogar wahnhafte Vorstellungen entwickeln, sich
Dinge einbilden und sehenden Auges – was vielleicht nur
der Leser bemerkt – ins Verderben rennen. Aber alles, was
er tut und denkt, muss aus der Situation und aus dem Charakter der Figur hergeleitet sein und plausibel erscheinen.

Der Ich-Erzähler ist radikal subjektiv. Er irrt und ver-
irrt sich. Er ist oft sein eigenes Hindernis. Seine inneren
Konflikte sind wesentlicher Bestandteil der Erzählung.
Er selbst sieht nicht immer alles klar, trotzdem muss das,
was der Figur nicht klar ist, so erzählt werden, dass es
dem Leser klar ist. Der Leser darf sich vernünftiger und
wissender fühlen und Dinge deutlich sehen, die die Figur
mitunter gar nicht sieht. Das sorgt zuweilen für ironische
Effekte.

Der Leser klinkt sich in die radikal subjektive Sicht
des Ich-Erzählers ein, folgt der Figur, lebt mit ihr mit,
identifiziert sich mit ihr, macht jede Wendung mit, leidet
aufgrund ihrer Misserfolge, freut sich über ihre Erfolge.

Der Ich-Erzähler muss allerdings nicht immer der oder
die „Gute" sein, mit dessen oder deren Absichten, Haltun-

gen und Vorgangsweisen der Leser prinzipiell einverstanden ist. Man kann auch einen „Bösen" als Ich-Erzähler einsetzen, den Be- und Verhinderer, im Falle unseres Romans zum Beispiel den Mann, der seine Sicht der Dinge darlegt, etwa mit der Absicht, seine Taten zu rechtfertigen, seine Motive ins Treffen zu führen, die ihm seiner Meinung nach eine gewisse Haltung nahelegen, oder um zu beweisen, dass seine Frau an allem schuld sei.

Als ich ihr zu erklären versuchte, warum ich keinesfalls ausziehen werde, wollte sie einfach aus dem Zimmer rennen! Immer das Gleiche! Wann hört sie mir endlich einmal zu! Ich musste sie zwingen, mir zuzuhören! Typisch Frau! Für rationale Argumente einfach nicht zugänglich!

Er kann aber auch vernünftige und überzeugende Gründe anführen, warum er sich auf eine gewisse Weise verhält, vielleicht auch frühe Enttäuschungen ins Treffen führen, die ihn für bestimmte Dinge besonders empfindlich gemacht haben und ihn immer wieder zu Überreaktionen verleiten, die er unter Umständen selbst verurteilt, aber nicht abstellen kann. Der Leser versteht ihn zwar, muss aber seine Taten nicht notwendigerweise billigen. Er sieht, wie der Ich-Erzähler in seiner Psyche und in seinem sozialen und beruflichen Umfeld gefangen ist. Er bedauert ihn vielleicht, ist aber nicht auf seiner Seite. Und er identifiziert sich in der Regel auch nicht mit ihm wie mit einer positiven Hauptfigur. Die Spannung entsteht nicht aufgrund der Hoffnung, die Hauptfigur (die Frau) möge alle Hindernisse bewältigen und ihr beabsichtigtes positives Ziel erreichen, sondern aufgrund der Hoffnung, die Hauptfigur (der Mann) möge mit seinem Terror zur Hölle fahren und sein beabsichtigtes infames Ziel nie erreichen. Mithilfe der Ich-Perspektive kann der Autor die Geschichte im Sinne des Mannes erzählen und trotzdem deutlich – falls er dies vorhat – seine Sympathie für die Frau bekunden. Etwa indem er den Mann abfällig über seine Frau herziehen lässt, die Beschreibung der Frau dabei aber so beschaffen ist, dass sich der Leser letztlich ein positives Bild von der Frau und zugleich – und gerade dadurch – ein deutliches Bild von der übelwollenden Absicht des Mannes machen kann. Der Autor kann die Rede des Ich–Erzählers ironischerweise ad absurdum führen, ihn entlarven.

Es macht Vergnügen und es macht einfallsreich, in eine Figur zu schlüpfen, die einem im Grunde zuwider ist: Nicht, weil man sie zu einer positiven Figur umbiegen, sondern weil man ihre Motive ergründen möchte. Der ständige Widerspruch mobilisiert Verstand, Urteilsvermögen und analytische Schärfe. Der Roman bekommt einen anderen Tonfall, eine andere Stimmung, wird vielleicht auch brisanter und konfliktreicher. Das Schreiben gestaltet sich interessanter, weil der Autor sich zwar ständig in einer ablehnenden Distanz zur Hauptfigur befindet, deren Motive und Taten jedoch verständlich machen und genau und klar schildern muss.

In der Rolle eines „bösen" Ichs hat der Autor natürlich auch die Möglichkeit, eigene „böse" Meinungen und Haltungen unterzubringen, die er in der außerliterarischen Wirklichkeit nie äußern und zeigen würde, die er im Alltag unter Kontrolle zu halten versteht, die ihn aber insgeheim bewegen und die er gern loswerden möchte. Auch das ist ein Vorteil der Literatur: Man kann die eigenen „bösen" Anteile offenbaren und zugleich in Form der Kunst bändigen, in einen Erklärungszusammenhang einbetten und zumindest in der Fiktion als beherrschbar vorführen. Das ist Erleichterung, Bewusstmachung und Kontrolle auf hohem Niveau.

Darüber hinaus gäbe es die Möglichkeit, zwei oder mehrere Ich-Erzähler ein- und dieselbe Geschichte oder ein- und dieselbe Szene aus verschiedenen Blickwinkeln mit unterschiedlichen Einschätzungen abwechselnd erzählen zu lassen. Doch im Falle eines Erstlingsromans und für eher noch unerfahrene Autoren und Autorinnen ist das nicht unbedingt empfehlenswert. Es erscheint zwar manchmal naheliegend, birgt jedoch die Tücke, dass man mitunter nicht genügend prägnante Unterschiede bei der Beschreibung ein- und desselben Sachverhalts – weder in der Perspektive, noch in Bezug auf Details – zu finden vermag. Es ist schwierig, in die Haut mehrerer, klar voneinander unterschiedener Ich-Erzähler zu schlüpfen. Die Darstellung eines einzigen Ich-Erzählers raubt meistens genug Kraft und Phantasie. Die verschiedenen Ich-Erzählungen und Szenen ähneln einander oft zu sehr, wiederholen sich in Details, werden beliebig oder gewaltsam unterschiedlich aufbereitet, überzeugen nicht. Man merkt, der Autor hat sich zwar bemüht, aber es ist ihm nichts mehr eingefallen. Oder es gibt gar keine Unterschiede mehr herauszuholen. Sie sind in den ersten Gegenüberstellungen der Perspektiven bereits aufgebraucht worden. Dann müsste man eventuell noch mehr Handlungen, Wendungen, Eigenschaften und Haltungen der Figuren erfinden und aufbieten, um mitten im Roman noch Neues und Unterschiedliches zu ermöglichen. Man müsste das Romankonzept noch einmal ändern und kräftig aufstocken.

Grundsätzlich sollte man sich beim ersten Roman nicht zu viel vornehmen – man scheitert meist damit –, sondern bei einer einfachen Form bleiben und diese voll ausschöpfen. Und dabei all das lernen und entdecken, was man eventuell als Basis für einen nächsten Roman gut brauchen wird können.

Die personale Erzählperspektive

Die personale Erzählperspektive, eine Sonderform der Ich-Perspektive, vermag in der **dritten Person** in gleicher Weise wie die Ich-Form das Innenleben einer Figur wiederzugeben. Anders als diese hat sie jedoch die Möglichkeit, eine größere und mobilere Distanz zur Figur einzunehmen. Sie kann sich weiter von der Figur entfernen und gewissermaßen aus der Ferne berichten, was diese tut, aber auch ganz nahe an sie herantreten und aushorchen, was sie denkt und fühlt. Diese größere Mobilität zwischen Distanz und Nähe lässt ein freieres und objektiveres Erzählen zu als die Ich-Form. Doch auch der personale Erzähler weiß nie mehr als seine Figur.

> *Sie stand auf und blickte in den Spiegel. Auf ihrem Oberarm befand sich ein großer blauer Fleck. So ein Arschloch! Sie hatten sich wie üblich gestritten und nach mehreren Whiskys war er laut geworden. Sie hatte aus dem Zimmer laufen wollen, das Streiten bringt ja doch nichts, doch er hatte sie gepackt und zum Bleiben gezwungen. Damit war er entschieden zu weit gegangen! Hoffentlich sah sie ihn jetzt nicht beim Frühstück!*

Hier wird in der dritten Person, in der „sie"-Form erzählt. „Sie" ist die Hauptfigur des Geschehens, erzählt wird ausschließlich, was *sie* erlebt, sieht und denkt, samt allen

Unsicherheiten der Wahrnehmung. Der Autor hat darauf zu achten, dass die Frau und ihre Perspektive immer im Mittelpunkt stehen und der Leser immer weiß, dass es um *ihre* Geschichte geht. Der Autor sitzt gewissermaßen auf der Schulter der Person und schreibt mit, was sie denkt und fühlt.

Die Sätze *So ein Arschloch!* und *Das Streiten bringt ja doch nichts,* die hier eins zu eins als von ihr gedachte Sätze zitiert werden und auch mit „dachte sie" ergänzt werden können (aber nicht müssen), geben wortwörtlich wieder, was die Figur denkt oder sagt.

Der Satz *Hoffentlich sah sie ihn jetzt nicht beim Frühstück!* ist nicht eins zu eins wiedergegeben, also kein direkt zitierter Satz. Eins zu eins wiedergegeben müsste er heißen: *Hoffentlich sehe ich ihn jetzt nicht beim Frühstück.* Oder besser, lebendiger: *Hoffentlich ist er schon weg und sitzt nicht beim Frühstück, als wär nichts gewesen!*
  Der Autor fasst ihre Gedanken zusammen und gibt sie in seinen Worten wieder: eine Methode des Verknappens. Auch hier könnte man „dachte sie" ergänzen.

Diese Technik – das Mithören, Zitieren und Zusammenfassen der inneren Rede der Figur –, bei der sich rein grammatikalisch nicht entscheiden lässt, ob der Erzähler oder die Figur spricht, nennt man **erlebte Rede**. Sie sorgt für Unmittelbarkeit und Direktheit.

Der verschwundene Erzähler

Im Unterschied zu den anderen Erzählperspektiven ist hier kein Erzähler zu erkennen. Er ist nicht da. Dem Anschein nach nimmt niemand eine Perspektive ein, aus der die Geschichte erzählt wird, dem Anschein nach bekundet niemand eine Absicht, warum die Geschichte erzählt werden soll. Aber irgendjemand ist natürlich da. Jemand schreibt die Geschichte nieder. Er ist aber sorgfältig darauf bedacht, nicht in Erscheinung zu treten, und tut alles, um jede Spur, die zu ihm und zu seiner Meinung oder Absicht führen könnte, zu verwischen. Er schreibt nur objektiv, sachlich und neutral auf, was geschieht, er zitiert, was gesprochen wird. Im Unterschied zum Ich-Erzähler hat er absolut keine Emotionen und verweigert jeden Kommentar und jede Meinung. Die geschilderten Ereignisse, die Reden und Dialoge der Figuren müssen ausreichen, um zu zeigen, worum es geht: was die Figuren wollen, worin ihre Konflikte bestehen und wie sie sich im Lauf der Handlung verändern. Der Leser erfährt ausschließlich aus den Dialogen und anhand der Aktionen und Reaktion der Personen, wie das Innenleben der Figuren beschaffen ist. Der Autor hält sich vollkommen heraus. In dritter Person erzählt er ausschließlich, was vorliegt.

Sie blickte in den Spiegel. Auf ihrem Oberarm befand sich ein großer blauer Fleck. Man erkannte die Abdrücke von fünf Fingern. Sie nahm Make-up und Puder und brachte die Fingerabdrücke zum Verschwinden.

Bei dieser reinen **Außenperspektive** des Erzählens, die – wie bei einem Drehbuch – nur Sichtbares und Hörbares zulässt, braucht es eine noch genauere Auswahl, noch detailliertere Angaben, eine Fülle an speziellen Ereignissen und Geschehnissen – immerhin muss man ausschließlich mithilfe von Äußerlichkeiten klar machen und spannend gestalten, wofür den anderen Erzählperspektiven zusätzliche Verfahren zur Verfügung stehen. Die reine

Außenperspektive besteht in einer radikalen Reduktion der Erzählmittel, einer radikalen Beschränkung der Möglichkeiten. Darauf muss der Autor sich bewusst und ambitioniert einlassen. Die reine Außenperspektive ist ein Korsett, ein eng gesteckter Rahmen, der den Autor dazu verurteilt, die Fülle und Vielfalt, die man mithilfe einer anderen Perspektive wiedergeben könnte, konzentriert und reduziert unterzubringen. Wie im Kapitel *Der literarische Blick* (ab S. 24) beschrieben, arbeitet der Autor hier besonders intensiv mit Details. Auf diese Weise erzeugt er eine literarische Wirklichkeit, die dem Leser möglichst wenig aufdrängt und erklärt, sondern ihn vielmehr dazu auffordert, sich ein eigenes Bild von diesen neutral und scheinbar absichtslos dargebotenen, kunstvoll aneinandergefügten Details zu machen und seine eigenen Gefühle und Meinungen dazu zu finden. Text und Leser scheinen unabhängig von einem Autor.

Dialog

Der **Aufbau** eines Dialogs entspricht im Kleinen weitgehend dem Aufbau eines Romans im Großen. Der Dialog hat ebenfalls einen Anfang und ein Ende, besitzt Wendungen und einen Höhepunkt. Er ist eine thematische und zeitliche Einheit, er bildet einen Bogen in Realzeit und muss wie der Roman **dramaturgisch konstruiert** werden.

Ein Dialog macht eine Szene lebendiger, indem er die Figuren in Realzeit konkret vorführt. **Realzeit** heißt, die Länge eines Dialogs entspricht exakt dessen realer Länge in der erzählten Szene und auch der realen Lesezeit des Lesers. Er ist gewissermaßen ein Zitat, ein eins zu eins wiedergegebenes Gespräch oder ein eins zu eins wiedergegebener Ausschnitt eines Gesprächs.

Die Figuren treten aus der Erzählprosa heraus und in den Vordergrund, melden sich persönlich zu Wort, sind plötzlich nicht mehr als erzählte und beschriebene, sondern als sprechende Personen anwesend. Sie sprechen scheinbar ohne Vermittlung durch den Erzähler direkt vor dem Leser. Sie erklären sich mit eigenen Worten. Sie führen mit eigenen Worten und eigenen Formulierungen ihre Absicht, ihre momentane Stimmung, ihre Wünsche, ihre Einwände und die Art und Weise vor, wie sie mit den Ereignissen umgehen und wie sie die Dinge sehen.

Der Dialog ist Handlung, transportiert die Geschichte weiter und gibt direkten Einblick in die Gedanken, Gefühle und Haltungen der Figuren. Er verbindet und trennt die Figuren gleichzeitig. Er verbindet sie, indem sie das Trennende gemeinsam behandeln, und trennt sie, indem sie das Gemeinsame auf unterschiedliche

Weise behandeln. Je unterschiedlicher sie in Bezug auf ihre Meinungen, ihre Herkunft, ihren Informationsstand, ihre Gefühle und Empfindungen sind, desto besser.

Jeder Dialog besteht aus einer Unterschiedlichkeit von zwei Instanzen und somit aus einem **Konfliktpotenzial,** das je nach Bedarf einzusetzen ist. Einmal moderat in einer ruhigen, vielleicht sogar freundschaftlichen Auseinandersetzung, dann wieder in einer Diskussion, bei der die unterschiedlichen Standpunkte unversöhnlich aufeinanderprallen: Das Gespräch eskaliert und endet in einem handfesten Streit.

Meistens handelt es sich bei den unterschiedlichen Instanzen um **Personen**, es können aber auch eine **Person** und ein **Gegenstand** sein, etwa ein Brief, ein Geschenk, manchmal spricht eine Person auch mit sich selbst.

Allerdings muss das abgehandelte Thema – vor allem das Hauptthema – in einem Roman nicht in einem einzigen Dialog erschöpfend behandelt werden. In gleicher Weise wie der Konflikt in der Handlung des Romans in mehreren Etappen entwickelt wird, sollte auch die dialogische Darstellung des Konflikts auf mehrere Etappen aufgeteilt werden. Durch die Ereignisse bekommen die Dialoge immer wieder frisches Material und die Figuren können immer wieder neue Gesichtspunkte einbringen. Entscheidungen werden in einem Dialog besprochen und erwogen, aber nicht unbedingt fixiert, sondern etwa an einem bestimmten Punkt ausgesetzt und an die nächsten Dialoge weitergereicht. So trägt der Dialog mit seiner **Weiterführung** der **Konfliktsituation,** mit seiner Möglichkeit, Lösungen hinauszuzögern und immer neue Aspekte ins Spiel zu bringen, wesentlich zur Spannung bei.

Dialoge werden allerdings nicht nur verbal geführt, sondern auch **nonverbal**, mithilfe von Aktionen, Gesten, Bewegungen, Blicken. Mitunter ersetzen diese den verbalen Dialog, unterstreichen oder kontrastieren ihn. Eine Figur etwa bemüht sich, möglichst ruhig zu sprechen, und dementiert verbal jede Emotionalität, doch ihre Finger bewegen sich nervös oder sie nippt ständig an ihrem Glas oder sie raucht eine Zigarette nach der anderen. Zwei gegensätzliche Dialoge laufen gleichzeitig ab.

Hier kommt der Begriff **Subtext** ins Spiel. Subtext bezeichnet die Differenz zwischen dem, was man sagt, und dem, was man dabei denkt oder fühlt und nicht sagt. Man sagt nämlich nicht alles, was man denkt und fühlt und will es mitunter nicht sagen. Oft ist einem das gar nicht bewusst. Manchmal sagt man (absichtlich oder nicht) das Gegenteil dessen, was man denkt.

Die Kunst der Dialoggestaltung besteht darin, damit zu spielen. Spannung und mitunter auch eine ironische Stimmung entstehen, wenn eine unterschwellige Absicht, ein heimliches Gefühl, heimliche Gedanken im Dialog mitschwingen, wenn der Leser sie ahnt, ohne dass die Figur davon weiß. Etwa wenn zwei Verliebte beim ersten Date peinlichst darauf achten, nichts von ihrer Zuneigung zu verraten, indem sie ausschließlich über Belanglosigkeiten – Partys, Kleider, Politik, über das Studium – reden. Der Leser, der die heimliche Zuneigung sehr wohl bemerkt, will dann unbedingt in Erfahrung bringen, wie oder wann das Geheime, von dem nur er zu wissen glaubt, in der Geschichte seine Wirkung zeigt und zum Tragen kommt. Mit dem Subtext hat man die Möglichkeit, gleichzeitig von einer ausgesprochenen und einer unausgesprochenen, aber genauso folgenreichen Sache zu erzählen.

Der literarische Dialog ist höchst **künstlich**. Ein Alltags-
dialog ist gespickt mit Füllwörtern, Wiederholungen,
Abschweifungen, Nebensächlichkeiten, Redundanzen,
Echos, ist langatmig, umständlich, hat viel Zeit, um auf
den Punkt zu kommen. Man höre sich einmal den Mit-
schnitt eines Gesprächs an, das man als interessant, kon-
zis oder unterhaltend in Erinnerung hat, man wird schnell
feststellen, dass es all das nicht ist. Das liegt unter anderem daran, dass man bei einem realen Gespräch nicht nur
den Dialog, sondern auch andere Realitäten wie das Äußere der Sprechenden, ihre Mimik, ihre Verhaltensweisen
erlebt. Gesellige Ereignisse und Höhepunkte bilden insgesamt ein Szenario und der Dialog ist nur ein Teil davon.
Beim Abhören fällt das alles weg und der Dialog in seiner
puren Präsenz zeigt überraschend deutlich seine Mängel.

Ein in der außerliterarischen Wirklichkeit gesprochener
Dialog sollte niemals eins zu eins in die Literatur über-
nommen werden!

Andererseits wird auch ein geschriebener Dialog erst
aufgrund von Wiederholungen und Abschweifungen lebendig, also aufgrund all der Momente und Eigenschaften, die einen realen Dialog ausmachen. Der Unterschied
besteht darin, dass sie im literarischen Text bewusst und
mit ästhetischem Kalkül eingesetzt werden. Einerseits
um realistischen Anschein zu erwecken, andererseits
um bestimmte Sprech- und Denkhaltungen oder Affekte eben mittels im Alltag aufgeschnappter und raffiniert
nachkonstruierter Sprechformen zu charakterisieren und
zu verlebendigen.

Ein Dialog erfordert intensive literarische Arbeit, damit er
realistisch und plausibel erscheint, meistens sind mehre-

re Anläufe nötig, um die zur Figur passenden Worte, den richtigen Tonfall, die richtigen Formulierungen zu finden. Diese müssen so dicht und dynamisch organisiert werden, dass der Leser nicht anders kann, als den Dialog mit Spannung zu verfolgen. Ein kleiner sogenannter **Absacker** in der Dichte der Abfolge von Rede und Gegenrede, etwa durch ein Füllsel (*also, doch, aber, jedoch, dann, nämlich*), eine inhaltliche Redundanz – erzeugt durch ständiges Nachfragen oder durch leeres, nicht gerechtfertigtes Wiederholen der Sätze des Gesprächspartners –, kann zu einem Bruch in der Dynamik führen und den ganzen Dialog zunichtemachen.

Dialogformen

Eine Spielart ist der **epische Dialog.** Er ist lang, füllt eine ganze Szene aus und greift – gemächlich dahinplätschernd – mehrere Themen auf. Er führt Redehaltungen und Charaktere vor, indem er sich den Nuancen des Gesprächs, den wechselnden Gefühlen und kleinen Wendungen widmet, die mithilfe des langsamen Hin und Her von Rede und Gegenrede besser gezeigt werden können. Hier geht es in erster Linie um die Darstellung einer bestimmten Gesprächssituation und weniger um Vermittlung von Informationen oder um Fortführung der Handlung.

> – *Servus, sagte A, wie geht's?*
> – *Es geht, sagte Eva, danke, und dir?*
> – *Naja.*
> – *Was ist los?*
> – *Was soll schon los sein?*
> – *Wie geht's im Büro?*
> – *Im Büro?*

– Ja.

– Hast du nicht gesagt, du steigst auf?

– Die Rede war davon.

– Und? Wird was draus?

– Ist noch nicht entschieden.

– Aber du glaubst schon, dass was wird draus, oder?

– Ich hoffe es.

– Die geht doch in Pension, die ... wie heißt sie noch mal?

– Die Staudinger.

– Genau, die Staudinger. Wär doch super, oder?

– Natürlich wär das super, sagte Eva, aber man weiß ja nie.

– Das wird schon, wirst sehen!

– Dein Wort in Gottes Ohr.

– Ob der dabei helfen kann!

 Sie lachen.

– Und wie geht's bei dir daheim?, sagte Eva.

– Es geht.

– Alles okay?

– Mehr oder minder.

– Und der Alte, spinnt er wieder?

– Nicht mehr als sonst.

– Das reicht eh, oder?

– Kannst du laut sagen.

– Meiner hatte gestern seinen Gin-Tonic-Tag.

– Meiner seine Whisky-Session.

– Whisky-Session?

– So nennt er es.

– Und?

– Muss ich dir was erzählen?

– Nein. Aber was war gestern? Vollmond?

A schiebt ihren Ärmel hoch und zeigt Eva die blauen Flecken.

– Wahnsinn!, ruft Eva. War er das?

– Nein. Die Whisky-Session.

– Die Whisky-Session?

– Was sonst? Er ist es ja nie!

– Und warum?

– Keine Ahnung!

– Du hast keine Ahnung?

– Nein.

– Irgendeinen Grund muss es doch geben.

– Gestritten haben wir halt!

– Und da hat er zugeschlagen?

– Nein.

– Nicht? Er hat nicht zugeschlagen?

– Nein.

– Und was ist das dann?

– Gepackt her mich.

– Gepackt?

– Plötzlich springt er auf und packt mich.

– So aus dem Nichts?

– So ist er halt.

– Und geschlagen hat er dich nicht?

– Naja, geschlagen!

– Was jetzt? Hat er dich geschlagen oder nicht?

– Gestupst hat er mich.

– Gestupst? Er stupst dich?

– Ja, stupsen tut er gern.

– Sag, hast du schon einmal daran gedacht, dich zu trennen?

– Eva, ich hab eine Tochter!

Ich lese mir diesen Dialog laut vor und denke: Ganz gut, aber eigentlich hatte ich nicht vor, die beiden durch ihr Plaudern zu charakterisieren. Inhalt der Szene sollte vielmehr sein, dass A ihrer Freundin erzählt, was vorgefallen ist, und die Freundin ihr rät, sich scheiden zu lassen. Was ist in diesem Zusammenhang unwichtig und daher unnötig? Was könnte man streichen? Ich versuche also einen **funktionellen Dialog** zu schreiben, der meiner Absicht besser entspricht.

> *A trifft ihre Freundin Eva im Café.*
> *– Servus, sagte A, schön, dass du Zeit hast. Wie geht's?*
> *– Es geht, sagte Eva, danke, und dir?*
> *– Naja.*
> *– Was ist los?*
> *– Was soll schon los sein?*
> *– Spinnt der Alte wieder?*
> *– Gestern hat er wieder einmal zu viel getrunken.*
> *– Meiner auch. Was war gestern? Vollmond?*
> *A schiebt ihren Ärmel hoch und zeigt Eva die blauen Flecken.*
> *– Wahnsinn!, ruft Eva. War er das?*
> *– Wir haben halt gestritten.*
> *– Und dann hat er zugeschlagen?*
> *– Nein, er hat mich gepackt.*
> *– So aus dem Nichts?*
> *– Er war halt aufgeregt.*
> *– Aber dass er deswegen gleich handgreiflich wird!*
> *– So ist er halt.*
> *– Und geschlagen hat er dich noch nicht?*
> *– Einmal schon.*
> *– Einmal hat er dich schon geschlagen?*
> *– Naja, geschlagen!*
> *– Sag, hast du schon einmal überlegt, dich zu trennen?*
> *– Ich hab eine Tochter!*

Ich lese mir den gekürzten Dialog noch einmal laut vor. Er ist schlanker und dynamischer geworden. Trotzdem bin ich noch nicht zufrieden. Ich überlege, was den Dialog spannender machen könnte. Spannung entsteht immer, wenn zwei konträre Haltungen, Meinungen, Positionen aufeinander stoßen. Mit einem Wort: Ein stärkerer Konflikt zwischen den beiden Freundinnen muss her! Er ist in der ersten Fassung des Dialogs zwar angelegt, aber nur sehr milde vorgeführt und nicht weiter entwickelt worden. Es geht zu betulich zu.

Ich probiere also eine neue Fassung, einen **Konfrontationsdialog**:

- *Wo warst du eigentlich gestern, sagt Eva, als sie an A's Tisch trat. Alle waren da, nur du nicht.*
- *Mir war nicht gut.*

Eva sieht A. an. – Das glaub ich dir nicht. Was war los?

- *Nichts. Was soll los gewesen sein?*
- *Das sehe ich dir doch an der Nasenspitze an! Habt ihr wieder gestritten?*
- *Nein!*
- *Ich weiß nicht, warum du ihn ständig in Schutz nimmst!*
- *Warum soll ständig mein Mann schuld sein? Mir war nicht gut!*
- *Weil du angerufen hättest, wenn dir nicht gut ist! Ganz einfach.*

A schweigt.

Eva setzt sich und bestellt ein Getränk.

- *Also, spucks aus!, sagte Eva, Was ist los?*
- *Kriegst du jetzt den Posten, wo die eine in Pension geht, sagte A, oder nicht?*
- *Wahrscheinlich, sagt Eva, aber sicher ist es noch nicht.*
- *Wär doch super, oder?*
- *Wär super super! Bessere Arbeit, mehr Geld.*

Beide schweigen und trinken.
Da schiebt Eva ihren Ärmel hoch und zeigt Eva die
blauen Flecken.
– War er das?, sagt Eva.
A nickt.
– Sind das Schläge?
– Er hat mich nur gepackt.
– Nur gepackt ist gut! Das Nur-Packen wird in letzter
  Zeit zur Gewohnheit bei ihm, oder?
– Nein, das wäre übertrieben, sagt A.
– Was heißt übertrieben? Vor einer Woche war es
  doch genauso, oder?
– Nein, nicht so schlimm.
– Eben! Es wird immer schlimmer! Und wie lange
  willst du dir das noch gefallen lassen?
– Ich bin nicht da, um mir von dir eine Standpauke
  anzuhören!
– Solltest du aber!
– Wirklich nicht!, sagt A und steht auf, es reicht!
– Du sollst dich scheiden lassen!, sagt Eva. Wie oft soll
  ich dir das noch sagen!
– Ich hab eine Tochter, ruft A, im Unterschied zu dir!
  Und verlässt das Café.

Ich lese mir den Dialog ein drittes Mal laut vor. Er kommt
mir spannender vor. Die unterschiedlichen Meinungen
sind vom Beginn der Szene an vorhanden. Der Konflikt ist
sofort eröffnet, entwickelt sich, wird kurz durch die Frage nach Evas Bürointerna unterbrochen und spitzt sich
nach einer überraschenden Wendung – A zeigt die blau-
en Flecken – bis zum Eklat zu. Der Leser wird nicht nur
darüber informiert, dass die beiden offenbar langjährige
Freundinnen sind, sondern auch darüber, dass sie extrem
unterschiedlicher Meinung sind und offenbar auch unter-

schiedliche Temperamente haben. Außerdem werden die Schwachstellen der beiden genannt: A hat ein Kind (was man an dieser Stelle des fiktiven Buches vielleicht schon weiß) und Eva hat keines (was man noch nicht weiß). Nun wird es aber vielleicht zum ersten Mal ausgesprochen und von A als Waffe gegen ihre Freundin benützt. Das könnte den Konflikt der beiden und das Scheidungsproblem emotional stärker beeinflussen.

Außerdem gibt es

- den **Interview-Dialog,** er besteht hauptsächlich aus Fragen, mit denen eine Figur aus einer anderen Informationen herausholen möchte: wenn etwa die Freundin hartnäckig den genauen Ablauf von A's Streit mit ihrem Mann erfahren möchte.

- den **Erklärungsdialog,** in dem A ihrer Freundin lang und breit erklärt, warum ihr Mann doch nicht so schrecklich ist – vielleicht um den Gedanken nicht aufkommen zu lassen, dass sie sich doch scheiden lassen sollte.

- den **redseligen Dialog,** etwa wenn Eva ausführlich und mit allen Nebensächlichkeiten von Frau Staudinger erzählt und vom Hundertsten ins Tausendste kommt, und es A nicht gelingt, sie zu unterbrechen und endlich auf ihren Mann zu sprechen zu kommen.

- den **spielerischen** oder **absurden Dialog:**

- *Wo warst du eigentlich gestern,* sagt Eva, als sie an A's Tisch trat. *Alle waren da, nur du nicht.*
- *Wer alle?*
- *Na, alle!*
- *Es sind nie alle da.*

– Aber diesmal waren alle da, nur du nicht!

– Mir war nicht gut.

– Und deswegen warst du nicht da?

– Genau! Deswegen war ich nicht da. Weil mir nicht gut war.

– Ihr war nicht gut!

– Richtig! Ihr war nicht gut! Und deswegen hat sie es vorgezogen, obwohl alle da waren, die sonst nie da sind, ihrerseits einmal nicht da zu sein.

– Und das soll ich dir glauben?

– Sie war ja wirklich nicht da, oder?

– Dass dir nicht gut war – das soll ich dir glauben?

– Wieso darf mir nicht einmal nicht gut sein?

– Dir ist aber nicht einmal nicht gut! Dir ist öfter nicht gut!

– Und wieso darf mir nicht öfter nicht gut sein? Anderen ist auch öfter nicht gut!

– Aber nicht, wenn wir unser Treffen haben.

– Mir ist auch nicht immer nicht gut, wenn wir unser Treffen haben!

– Aber meistens.

– Aber nicht immer!

– Hab ich gesagt immer?

– Ja, du hast gesagt immer.

– Nein! Ich hab gesagt öfter!

– Ist ja fast wie immer, oder?

– Nein, öfter ist nicht immer!

– Aber du hast gemeint immer! Du hast gesagt öfter ...

– Genau!

– ... aber du hast gemeint immer.

– Nein, hab ich nicht gemeint!

Etc.

Kurz und gut, es gibt eine unendliche Anzahl an Dialogformen. Welche Art von Dialog man wählt, hängt wie immer von der Absicht ab: Was möchte man mit diesem Dialog zeigen, darstellen oder dem Leser zur Kenntnis bringen? Wie möchte man die Figuren in diesem Dialog zeigen, welche ihrer Eigenschaften, welche ihrer aktuellen Gefühle möchte man vorführen? In welchem Zustand befinden sie sich? Welche Schlüsselstelle möchte man dialogisch, in den Worten der Beteiligten darstellen, anstatt narrativ zu erzählen? Welcher Dialog würde an dieser Stelle gut in den Text passen? Und welche Art von Dialog würde man besonders gerne schreiben?

Die Dialog-Konstruktion muss allerdings stabil sein. Am besten überprüft man sie, indem man sich und anderen den Dialog **laut vorliest,** und zwar monoton, ohne zu interpretieren. Die geschriebenen Sätze müssen von sich aus ihre Tragfähigkeit und ihre Spannung unter Beweis stellen. Beim Vorlesen merkt man augenblicklich, wo der Dialog absackt, wo er zu lang oder zu umständlich geraten ist oder im Tonfall nicht stimmt.

Auch wenn Dialogsätze eine erfundene und literarisch konstruierte Sprache sind, ist darauf zu achten, dass sie eine der Realität **nachempfundene gesprochene Sprache** sind und nicht erzählendes Prosadeutsch. Ausufernde Satzgefüge, Schachtelsätze und dezidierte Schriftsprache sind absolut zu vermeiden. Und zumindest im süddeutsch-österreichischen Raum wird nicht im Präteritum, sondern im Präsens oder im Perfekt gesprochen.

Ein Satz wie *Ich sah gerade auf die Uhr und dachte, dass du, da die Sitzung, wie du mir am Nachmittag telefonisch mitgeteilt hattest, heute wider Erwarten entfallen*

*würde, vielleicht doch rechtzeitig zum Essen da sein wür-
dest* ist zwar auch als Prosasatz nicht wirklich gelungen, taugt aber keinesfalls als Dialogsatz. Außer die Figur ist dadurch definiert, dass sie sich gespreizt auszudrücken pflegt.

Auch vom Gebrauch von **Dialekt** ist abzuraten. Abgesehen davon, dass es schwierig ist, eine entsprechende und verständliche Lautschrift zu finden, zieht diese meist auch eine unnötige und daher der Lektüre abträgliche Aufmerksamkeit auf sich. Sinnvoller ist es in diesem Fall, eine hochdeutsche, jedoch umgangssprachlichere Variante zu erfinden.

Ein Dialog ist ein **rasches Hin und Her.** Ein Wort ergibt das andere. Er entwickelt sich nach und nach, Schritt für Schritt, in Form von Rede und Gegenrede. Er braucht eine gewisse Anlaufzeit, in der der Leser eingeladen und auch dazu befähigt wird, den Gedankenschritten und dem Verlauf der Emotionen und Haltungen der Sprechenden mit Interesse zu folgen. Er muss gespannt mitverfolgen, mit welchem Satz der eine auf den Satz des anderen reagiert und wie der Dialog ausgehen wird.

Wie bei jedem **Wettstreit** ist es dabei wichtig, dass die Kontrahenten **dieselben Voraussetzungen** für das Gespräch mitbringen, dass ihre Absichten klar sind und ihre Argumentation in gleicher Weise glaubhaft ist. Es ist darauf zu achten, dass sie einander gewachsen sind, um **ebenbürtig** zum Fortgang der Handlung und zur Entfaltung des Konflikts beizutragen.

Einseitige Dialoge – wenn zum Beispiel der eine nur Stichwortgeber ist, damit der andere, meist monologisierend, seine Sicht der Dinge darstellen kann –, sind nicht nur uninteressant, sie sind eine Totgeburt. Sie erwecken sehr schnell den Eindruck, der Autor wolle durch das Sprachrohr der Figur seine Sicht der Dinge rasch und vor allem unwidersprochen an den Mann bringen.

Das gilt auch für Dialoge, bei denen einer derart platte und hanebüchene Argumente vorbringt, dass der andere von vornherein als Sieger und als der Klügere dasteht. Das wiederum erweckt den Eindruck, der Autor sei unfähig, sich der Komplexität und Widersprüchlichkeit eines Problems zu stellen, es von verschiedenen Seiten zu betrachten, oder er sei zu faul, um die jeweiligen Standpunkte der Kontrahenten einzunehmen und auszuformulieren.

Der Leser hat den Eindruck, dass ihn die Figuren und der Konflikt nicht wirklich interessieren und er auf die notwendige **erzählerische Gerechtigkeit** pfeift. Sind die Kontrahenten im Dialog nicht **gleich stark** und haben ihre Argumente nicht annähernd dasselbe Gewicht, sind sie – aus der Perspektive der Figuren – nicht gleichermaßen verständlich und überzeugend, haben also die Kontrahenten nicht dieselben Gewinnchancen, wie sie sie übrigens im ganzen Roman haben sollten, sind sowohl der Dialog als auch der Roman misslungen.

Außerdem ist darauf zu achten, dass in einer Dialogszene nicht eine Sache allein abgehandelt wird bzw. ein Dialog nicht aus einer **einzigen Information** besteht.

Mit der Frage *Wann kommst du?* soll nicht nur in Erfahrung gebracht werden, um welche Uhrzeit jemand zum Abendessen erscheint. Und die Antwort darf nicht nur aus der Nennung der Uhrzeit bestehen. Auf diese Weise wird keine zusätzliche Information zu den Figuren, zu ihrer Situation und ihrem Beziehungsstatus gegeben. In einem Dialog sollten allerdings immer mehrere Informationen gleichzeitig gegeben werden. Zum Beispiel warum und mit welcher Erwartung A wissen will, wann B kommt.

Schwingt in ihrer Frage ein Vorwurf mit, ein Wunsch, eine Sehnsucht oder spielt sie auf ein Ereignis an, das davor geschehen ist oder nachher geschehen wird? Und vor allem, wie stehen die beiden in diesem Moment der Geschichte zueinander? Bietet A mit dieser Frage indirekt Versöhnung an? Ist A unglücklich? Fürchtet sie, dass B nicht kommt? Kann sie es gar nicht erwarten, dass er kommt? Oder hofft sie, dass er nicht kommt? Verbindet sie mit seinem Kommen eine bestimmte Absicht? Antwortet er ungehalten, ausweichend oder zärtlich? Und aus welchem Grund? Aus welcher Position sprechen er und sie? Aus der Position der Stärke, der Schwäche, der Hilflosigkeit? Der Unsicherheit? Aus vollster Überzeugung?

Der Autor sollte sich von Anfang an über die inneren und äußeren Umstände der beiden und über die Möglichkeiten, damit einen Dialog zu gestalten, im Klaren sein. Er sollte wissen, in welche Worte er die Frage kleiden soll, um die Verfassung und die Absicht von A auszudrücken, wie er die Antwort formulieren soll, um die Verfassung und die Absicht von B unter Berücksichtigung der Frage von A zum Ausdruck zu bringen. Dem Leser wird also nicht nur eine einzige Information gegeben – der Zeitpunkt, wann B kommt –, sondern er erhält zusätzliche Informationen zu den Personen, ihrer Gegenwart und Vergangenheit.

Wie bringt man Haltung oder Emotion einer Figur in einem gesprochenen Satz unter?

Wann kommst du? klingt neutral, man erwartet eine Auskunft. *Wann kommst du denn?* klingt eher gereizt, ungeduldig, der Sprecher hat vielleicht gerade einen Konflikt erlebt oder es bahnt sich einer an. *Wann kommst du denn endlich?* klingt schon ziemlich aggressiv oder sehr ungeduldig. *Wann geruht der Herr denn zu kommen?* kann in einem gerade schlechten Verhältnis gehässig oder in einer positiven, ausgelassenen Stimmung ironisch spielerisch gemeint sein. Mithilfe von Wortwahl, Syntax und gewissen Akzentuierungen kann eine Figur zum Ausdruck bringen, was sie meint und was sie nonverbal zum Ausdruck bringen möchte.

Jeder Dialog ist aus den Figuren, ihrem Charakter und ihrer aktuellen Verfassung heraus zu entwickeln. Als Autor muss ich mich in die Figur und in ihre aktuelle Situation hineinbegeben, um zu wissen, wie und was sie spricht. Wenn der Autor es nicht weiß, wenn er ratlos ist, was gesprochen werden soll und wie, dann kennt er die Figur und die Situation, in der sie auftritt, noch zu wenig. Dann hat er zu wenig über sie nachgedacht, spürt sie noch nicht. Der Autor muss die Figur aber spüren. Erst dann spürt sie auch der Leser. Der Leser muss überzeugt davon sein, dass die **Figur von sich spricht** und nicht der Autor über sie. Den Leser überzeugt die subjektive Haltung, mit der die Figur spricht, es überzeugen die Worte, die nur ihre sein dürfen, die Perspektive, mit der sie ihre Sache sieht, und die Emotionen, mit der sie um sie kämpft.

Bei **Sacherklärungen,** etwa der Funktionsweise eines technischen Gerätes, bei Darstellungen objektiver Tatsachen wie historischen oder politischen Ereignissen passiert es immer wieder, dass die Figuren sukzessive in den Hintergrund treten oder ganz verschwinden und nur mehr der Autor mit seinem brillanten Expertenvortrag präsent ist. Reine **Sachinformationen** fallen jedoch aus dem Dialog und somit aus der Geschichte heraus.

Oberstes Gebot beim Dialog ist: Sachhaltiges darf sich nicht selbstständig machen. Keine historischen oder technischen Abhandlungen aufsagen lassen!

Eine Figur erklärt zum Beispiel einer anderen, wie der Knochenaufbau bei einer Zahnimplantat-Operation funktioniert:

> *Der Kieferknochen wird durch ein Gemisch von Hydroxylapatit und Eigenknochen aufgebaut. Das am Kiefer liegende schwammige Gemisch aus Fremdknochen und Eigenknochen verklebt auf dem Knochen. In das Gemisch wachsen Gefäße ein, der Fremdknochen wird sozusagen von neuem, eigenem Knochen umgebaut – das dauert seine Zeit. Je nach Funktion, Knochenlage und Konstitution des Patienten dauert der Umbau 8 Wochen bis 36 Wochen.*

So kann höchstens ein Arzt sprechen. Aber selbst dann ist das nicht Teil eines Dialogs, sondern ein Fachvortrag. Möchte man daraus einen Dialog machen, müsste der Text aufgelöst und auf mindestens zwei Sprecher aufgeteilt werden.

Sprecher B müsste unterbrechen, nachfragen, bei der Vorstellung der Operation eventuell seine Angst bekunden, seine Befürchtungen, oder auch satirische oder zynische Bemerkungen machen. Dann müsste Sprecher A wiederum die Sache verdeutlichen, dem anderen die Angst durch weitere Erklärungen oder durch Erzählungen über positive Reaktionen von Patienten zu nehmen versuchen. Je nachdem, worum es den beiden in der Szene geht. Steht dem einen eine solche Operation bevor, will er nur informiert werden, geht es um seine Angst, hat er ein medizinisches Interesse oder ist das ganze Gespräch nur Smalltalk auf einer Party? Mit einem Wort: Das Thema müsste zu einem dialogischen Spielball zweier Figuren werden. Verlebendigt durch spürbare menschliche Reaktionen und Haltungen.

Zum Beispiel:

– *Und dieser Knochenaufbau ist unbedingt nötig?,* *fragte Herr Baumann.*
– *Ja, sagte der Arzt. Von Ihrem Kiefer ist ja kaum noch was da.*
– *Irgendwas ist noch da. Reicht das denn nicht?*
– *Tut mir leid, sagte der Arzt lachend, wenn nichts da ist, ist nichts da. Wo sollen wir denn da das Implantat unterbringen?*
– *Und es gibt keine andere Möglichkeit?*
– *Leider nein. Aber so schlimm ist es auch wieder nicht!*
– *Sagen Sie!*
– *Schauen Sie, wir nehmen Ihnen hier ein Stück Knochen raus, vermischen ihn mit Hydroxylapatit und kleben das Ganze dann dort hin, wo wir es brauchen.*
– *Klingt nicht gut, sagte Herr Baumann. Wenn ich mir das vorstelle!*
– *Wird aber gut! Denn der alte Knochen wächst wunderbar mit dem neuen zusammen, wir haben Platz und können das Implantat bequem unterbringen.*
– *Bequem ist gut, sagte Her Baumann und stöhnte auf.*
– *Sie werden nichts spüren.*
– *Sagen Zahnärzte immer!*
– *Ja, vielleicht hinterher ein bisschen. Aber nicht dramatisch, und es gibt gute Medikamente.*
– *Und wie lang dauert das Ganze?*
– *Die Operation?*

– Nein. Bis das zusammengewachsen ist.

– 8 bis 36 Wochen.

– 36 Wochen! Das sind ja neun Monate!

– 8 bis 36 Wochen, hab ich gesagt!

– Wann 8 und wann 36?

– Je nach Kondition und Knochenlage. Kondition haben Sie ja, und die Knochenlage ist, so viel ich sehe, auch nicht schlecht.

– Sie meinen, bei mir ginge es schneller?

– Sehr gut möglich. 36 Wochen sind ja eher selten.

– Ich weiß nicht, ich weiß nicht ...

– Aber Sie kennen das doch, Herr Baumann! Ein Implantat haben Sie ja schon.

– Aber ohne Knochentransport!

– Viel schlimmer ist das auch nicht!

– Muss ich mir echt überlegen, sagte Herr Baumann. Ist ja kein Spaziergang. Oder vielleicht doch lieber die Prothesenvariante?

– Natürlich, sagte der Arzt, überlegen Sie. Ein bisschen Zeit haben wir ja noch. Aber denken Sie daran: Prothese im Mund ist auch nicht lustig.

Und wenn in Monologform, dann vielleicht so:

Sehen Sie, Herr Baumann, ich will Sie ja nicht überreden, aber es wird nicht anders möglich sein, bei Ihrem Kiefer, wie das beschaffen ist, da ist ja kaum noch was da. Da müssen wir einen Knochenaufbau machen. Wo sollen wir denn sonst das Implantat unterbringen? Aber ich bitte Sie! Das ist eine Routineoperation! Reine Routine! Wir machen das schon seit ewig, und immer mit den besten Ergebnissen. Da wird einfach der Kieferknochen durch ein Gemisch von Hydroxylapatit und Eigenknochen neu aufge-

baut. Das dauert 8, höchstens 36 Wochen, bis das
wieder zusammengewachsen ist. Abhängig von der
Kondition und Knochenlage, und bei Ihnen, denke ich,
wird es nicht länger als 3 Monate dauern. Dann ha-
ben wir den nötigen Platz und können das Implantat
bequem einbauen. Verstehen Sie! Ja sicher, Sie ha-
ben hier eine Teilprothese, hier oben, und die hält gut,
und Sie sind zufrieden damit. Aber beim Unterkiefer
würde ich auf alle Fälle ein Implantat empfehlen. Ich
weiß, auch 3 Monate sind keine Kleinigkeit, aber an-
dererseits: Eine vollständige Prothese unten ist auch
nicht lustig. Und Sie kennen mich lange genug, Herr
Baumann, ich schwatze Ihnen nichts auf.

Alle **Erörterungen objektiver Sachverhalte** bedürfen einer besonderen dialogischen Phantasie, um sie zugleich
als Ausdruck der Figuren, zu deren Charakterisierung
und zur Charakterisierung ihrer aktuellen Haltung in der
Szene zu gewinnen, da sich das Objektive dem subjektiven Zugriff stark widersetzt und sich immer durchsetzen
möchte. Man sollte den Sachverhalt genau studieren, ihn
beim Schreiben des Dialogs allerdings vergessen, sich ausschließlich auf die Figuren konzentrieren und sie nach ihren Launen damit spielen lassen. Nur so kommt der Sachverhalt über die Verarbeitung durch die Figuren indirekt
zu jener Geltung, die man ihr im Rahmen der Geschichte
verleihen möchte. Keine Angst, dass der Sachverhalt darin
verloren gehen könnte! Im Gegenteil! Am Ende sind die
Figur da und die Sache!

Für einen Dialog sind **Vorbereitungsarbeiten** unumgänglich. So wie man sich bei jedem Kapitel und jeder Szene
des Romans vorab überlegt, was darin geschehen, wie die
Handlung weitergeführt werden soll und welche Rolle die

Figuren darin spielen, muss man sich auch beim Dialog überlegen: Warum finde ich einen Dialog hier wichtig? Was wollen die Figuren voneinander? Was wollen sie sagen? Und mit welcher Haltung wollen sie es sagen? Wie sind sie am Anfang gestimmt – wütend, traurig, fröhlich? Wie sollen sie am Ende gestimmt sein und wie bringt man sie als Autor dorthin? Wie muss die Entwicklung des Gesprächs laufen? Worin sind sich die beiden nicht einig? Gibt es eine Wendung? Und wann findet sie im Dialog statt und wie? Was eigentlich soll abgehandelt, besprochen oder diskutiert werden? Mit welchem Resultat? Wer von beiden sagt den ersten Satz? Wie könnte er lauten? Und wie entwickelt man das Thema im Gespräch? Welche Phasen durchläuft der Dialog?

Es empfiehlt sich, sich vor dem Schreiben hinzusetzen, vielleicht einen Kaffee zu trinken und sich meditativ und locker Möglichkeiten auszudenken, wie die Szene verlaufen könnte, mit ihr herumzuspielen, sich jedenfalls so intensiv wie möglich in sie hineinzuversenken und erst dann den ersten Schreibversuch zu starten, wenn man ein inniges Gefühl für sie hat.

Wichtig ist, dass nicht schon am Anfang des Dialogs **alles gesagt** wird. Man könnte auch mit einer Nebensache beginnen und erst allmählich zur Hauptsache gelangen. Wenn etwa in unserer Geschichte der Mann die Frau zu einem Versöhnungsessen einladen möchte, gibt es verschiedene Möglichkeiten, den Dialog zu beginnen.

Der Mann könnte gleich *Ich möchte dich zum Essen einladen* oder etwas freundlicher *Ich würde dich heute gerne zum Essen einladen* sagen.

Er könnte aber auch erst einmal ihre Stimmung ausloten und sie fragen, wie der Tag im Büro war oder – um sie eventuell günstig zu stimmen – anbieten, mit dem Kind am Wochenende einen Ausflug zu machen. Er bereitet also das Terrain vor. Von ihrer Reaktion, ihren Sätzen hängt es nun ab, wann er die Einladung ausspricht und ob überhaupt.

Beim eigentlichen Schreiben des Dialogs sollte man dann genau darauf achten, welcher Satz von ihm sich am besten eignet, damit er sein Ziel erreicht und darauf, wie die Frau reagiert und wie wiederum er darauf reagiert und so fort. Sein Ziel, mit ihr essen gehen zu wollen, darf dabei natürlich nicht aus den Augen verloren werden. Wobei ihr Ziel – sie merkt seine Absicht und will das gemeinsame Abendessen vielleicht verhindern – dem seinen entgegensteht. Dann ist zu entscheiden: Sagt sie das gleich oder tut sie so, als würde sie es nicht merken oder entschließt sie sich plötzlich – bei welchem Satz von ihm, aus welchem Grund? –, seine Einladung doch anzunehmen?

Der Dialog erfordert eine sensible **Dosierung** der Sätze und der von Satz zu Satz ausgelösten und auszulösenden Gefühlsregungen, er ist ein fein kalkuliertes Spiel mit Worten, Widerständen, Empfindlichkeiten, Vorsichten und Absichten. Das braucht seine Zeit. Im Vornhinein konzipieren kann man nur das Ziel, die Grundhaltung der Figuren und den groben Verlauf. Dann allerdings sollte man sich, das Ziel fest vor Augen, nur mehr dem Rhythmus des konkreten Hin und Her der Sprecher und der sich entfaltenden Logik des Dialogs überlassen, der sich von Satz zu Satz mit einer gewissen **Automatik** wie von selbst ergibt.

Natürlich kann man sich dabei verirren, abschweifen, zu umständlich oder zu langatmig werden. Bei der ersten Fassung darf man auch ruhig langatmig und umständlich sein und abschweifen. Viele Autoren brauchen das sogar, um sich der Sache zu vergewissern, um auszuprobieren, um den Kern des Dialogs zu finden. Da sollte man nicht zu früh genial sein und gleich alles auf den Punkt bringen wollen. Wichtig ist die Arbeit danach, das Kürzen, Straffen, Umschreiben, das Neu-Überlegen. Da ist strenge und rücksichtslose Prüfung angesagt. Das Spannende beim Drauflosschreiben ist nämlich, dass sich mitunter Dinge, Wendungen, Sätze und Haltungen der Figuren ergeben, die überraschen, die man weder geplant hat, noch sich hat vorstellen können. Deswegen sind mehrere Fassungen nötig, um das zufällig Gefundene mit dem Beabsichtigten in Einklang zu bringen.

Für das Dialogschreiben empfiehlt es sich im Besonderen, **Alltagsdialoge** zu belauschen, um so Formen und Strategien des Redens und Sprechens kennenzulernen und im Text auszuprobieren. Dialoge sind reichhaltig. In ihnen wird erklärt, gefragt und nachgefragt, nicht oder ausweichend geantwortet, pausiert, missverstanden oder absichtlich nicht verstanden, sich selbst widersprochen, wiederholt, unterbrochen, monologisiert, unverständlich, umständlich und Unsinn geredet, um den heißen Brei herumgeredet und überredet, ad absurdum geführt, gestottert, eskaliert, in Zweifel gezogen etc. Lauter Verfahren, die, aus der lebendigen Wirklichkeit übernommen – und natürlich literarisch adaptiert und neu konstruiert –, geschriebene Dialoge verlebendigen und ihnen Authentizität verleihen.

Und natürlich empfiehlt es sich, gelungene literarische Dialoge zu lesen, ihre Machart zu analysieren und ihnen nachzueifern.

Für gewöhnlich wird die direkte Rede in Anführungszeichen gesetzt:

> *„Wo warst du eigentlich gestern?", sagte Eva, als sie an A's Tisch trat. „Alle waren da, nur du nicht."*

Der Leser erkennt sofort, hier spricht die Figur mit eigenen Worten. Außerdem kann man Redesätze verschiedener Sprecher gut erkennbar auch nebeneinanderstellen und unterscheiden:

> *„Wo warst du eigentlich gestern?", sagte Eva, als sie an A's Tisch trat. „Alle waren da, nur du nicht." „Mir war nicht gut", sagte A.*

Wenn man die Inquit-Formel *(sagte sie)* hinzufügt, kann man die Anführungszeichen auch weglassen:

> *Wo warst du eigentlich gestern, sagte Eva, als sie an A's Tisch trat. Alle waren da, nur du nicht. Mir war nicht gut, sagte A.*

Die Inquit-Formel ist notwendig, ohne sie wäre nicht deutlich genug markiert, wo Evas Rede endet und A's Rede beginnt. Man könnte es zwar erraten, stutzt jedoch, und das stört beim Lesen:

> *Wo warst du eigentlich gestern? Alle waren da, nur du nicht. Mir war nicht gut.*

Schreibt man die jeweiligen Redesätze untereinander, kann man sowohl die Anführungszeichen als auch die Inquit-Formel weglassen.

> *Wo warst du eigentlich gestern? Alle waren da, nur du nicht.*
> *Mir war nicht gut.*

Um den Beginn einer Rede deutlicher zu markieren, kann man am Zeilenbeginn einen Bindestrich setzen:

> *– Wo warst du eigentlich gestern? Alle waren da, nur du nicht.*
> *– Mir war nicht gut.*

Falls Evas Rede über die erste Zeile hinausgeht, erkennt man auf diese Weise besser, dass A erst in der dritten Zeile zu sprechen beginnt:

> *– Wo warst du eigentlich gestern? Alle waren da, nur du nicht. Und alle haben nach dir gefragt. Und ich hab ja auch mit dir telefoniert, und du hast gesagt, du kommst.*
> *– Mir war nicht gut.*

Möglich ist natürlich auch ein deutliches Einrücken der ersten oder zweiten Zeile:

> *Wo warst du eigentlich gestern? Alle waren da, nur du nicht. Und alle haben nach dir gefragt. Und ich hab ja auch mit dir telefoniert, und du hast gesagt, du kommst.*
> *Mir war nicht gut.*

Oder man markiert die gesprochene Rede kursiv:

Wo warst du gestern?, fragte Eva, als sie an A's Tisch trat.

Egal, welche Form man wählt: Der Leser soll sofort erkennen, dass direkt gesprochen wird, und er soll erkennen, wer spricht. Schreibt man die Dialogsätze untereinander und ist es eindeutig, dass nur zwei Personen, etwa A und Eva, sprechen, und ist es auch eindeutig, dass Eva als erste spricht und A als zweite, kann man die Inquit-Formel nach den ersten Dialogsätzen weglassen. Man sollte allerdings überprüfen, ob das nach zehn Zeilen immer noch eindeutig ist oder ob es nicht besser wäre, sie wieder einmal einzufügen.

Indirekte Rede

Anstelle der direkten Rede wird bei Dialogen oft auch die **indirekte Rede** verwendet.

Warum sie gestern nicht gekommen sei, fragte Eva, als sie an A's Tisch trat. Alle seien da gewesen, nur sie habe gefehlt.

Für die indirekte Rede empfiehlt sich der Konjunktiv. (Näheres dazu im Kapitel *Katastrophen im Text* ab S. 164). Sie erspart dem Autor die Überlegung, wie eine Figur konkret spricht, und die Mühe, ihre Sprechhaltung wortwörtlich vorzuführen, was auch nicht immer notwendig ist. Dialoge in direkter Rede können langweilen und ermüden, weil sie einer Sache oder einer Szene eine zu große Aufmerksamkeit und Bedeutung schenken, sie breittreten und in die Länge ziehen. Oft sind Zusammenfassungen eines Dialogs in indirekter Rede besser und spannender. Dabei kommt eben nicht die Figur zu Wort, sondern der Autor. Er berichtet und erzählt sinngemäß mit seinen Worten, was die Figur sagt und meint. Allerdings kann er dabei durchaus aus der direkten Rede zitieren, Wortwahl und Redestil der Figur benützen und nachahmen, um sie und ihre Art zu sprechen und zu argumentieren deutlich zu machen. Die indirekte Rede schafft – im Gegensatz zur direkten Rede – Distanz und entbindet den Autor von der Pflicht oder vom Zwang, ständig der Figur das Wort zu überlassen und sich ständig ausdenken zu müssen, wie die Figur was sagt. Was die Figur zu sagen hat, ist nämlich nicht immer so interessant, dass man es wortwörtlich in voller Länge vorführen müsste. Mit der indirekten Rede kann sich der Autor auf das Wesentliche des Dialogs, auf dessen Inhalt und Form konzentrieren und leere Dynamik beziehungsweise die mitunter störenden oder redundanten Momente des direkten Sprechens ausschalten.

Ansonsten gilt für den Dialog in indirekter Rede dasselbe wie für den Dialog in direkter Rede.

Plausibilität

Von einem Roman erwartet man, dass die Figuren bei der Lösung ihres speziellen Konflikts dieselben inneren und äußeren Hindernisse zu überwinden haben, wie sie auch in der außerliterarischen Wirklichkeit bei einem ähnlich gearteten Konflikt auftreten würden. Setzt die Figur eines Romans sich mit Leichtigkeit über alles hinweg, was einer Person im realen Leben schwer zu schaffen machen müsste, wird sie unglaubwürdig, die Geschichte wirkt albern und kindisch. **Helden, die nicht scheitern,** beziehungsweise über lange Zeit hinweg nicht scheitern, sind ein Charakteristikum der Trivialliteratur.

Gerade unerfahrene Autoren haben mitunter die naive Vorstellung, in der Literatur müsse alles möglich sein, was im wirklichen Leben unmöglich ist. Sie kommen aus den Zwängen des Alltags und des Berufslebens in die Schreibgruppe und wünschen sich, endlich der Phantasie freien Lauf zu lassen! Sie verweisen auf berühmte Vorbilder: Menschen verwandeln sich in Insekten, gläserne Wände bauen sich plötzlich in der Landschaft auf und versperren den Weg ins Dorf.

Natürlich ist es Autoren und Autorinnen immer wieder gelungen, spezielle Settings zu schaffen, in deren Rahmen **Wundersames** möglich und glaubhaft ist. Kafka zum Beispiel schuf in seinen Erzählungen eine parabelhafte, traumhafte Stimmung, in deren Rahmen die Geschehnisse eindeutig nicht Abbild, sondern Symbol sind. *Die Verwandlung* ist kein Selbstzweck, sie steht im Dienste der von Kafka angestrebten Atmosphäre der Entwirklichung.

Auch Genres wie Krimi, Science Fiction, Agententhriller, Liebesroman senden von Anfang an, nicht zuletzt mithilfe von Buchgestaltung und Klappentext, Signale aus, die dem Leser vermitteln: Hier wird es mit der Wirklichkeit nicht so genau genommen! Hier gelten nicht die Gesetze der Realität, hier werden Märchen wahr! Der Leser lässt sich bewusst darauf ein und akzeptiert Unglaubwürdiges (allerdings auch nur, wenn es im Rahmen des Romans, dessen Handlung und des Genres, dem er angehört, glaubwürdig ist).

Die meisten Autoren möchten jedoch keine trivialen Genregeschichten schreiben und auch keine Erzählungen in der Tradition der phantastischen Literatur, sie möchten vielmehr Geschichten erzählen, die einer allgemeinen Lebenserfahrung entsprechen. Und auch die meisten Leser wollen solche Geschichten lesen.

Andererseits möchte man in der Literatur nicht eins zu eins den eigenen Alltag in all seiner Fadesse und Vorhersehbarkeit gespiegelt sehen, man möchte Geschichten über Personen lesen, denen Besonderes widerfährt und die mitunter ihr Leben auf besondere Weise meistern.

Eine solche Geschichte könnte sein: Eine junge Frau aus der Provinz aus kleinbürgerlichen, proletarischen Verhältnissen, vielleicht sogar mit einer dunklen Vergangenheit (Prostitution, Drogen), lernt einen wohlhabenden Mann aus bürgerlichem Milieu kennen und lieben. Die beiden heiraten, bekommen Kinder und führen fortan ein glückliches Leben.

Das Aschenbrödel-Motiv ist aus dem Kino bekannt. Der Film *Pretty Woman* hat auch kritischen Geistern ein paar unterhaltsame Stunden beschert. Die schönen Gesichter und Körper der Schauspieler überzeugen, man versteht augenblicklich, warum Richard Gere sich in Julia Roberts verliebt, trotz ihrer vorgeblich dunklen Vergangenheit wirkt sie frisch und appetitlich, die halbherzigen Einwände der Umwelt sind rasch hinweggefegt. Als Zuschauer verfolgt man gefesselt das Spiel der beiden Schauspieler, ihre Mimik in Großaufnahme, man ist überwältigt von den Locations, man bewundert die schönen Kleider, die Julia Roberts trägt, wenn sie Richard Gere zu Partys und Turnieren begleitet. Man hat nicht viel Zeit zum Nachdenken, ob die Beziehung auch in Wirklichkeit funktionieren würde. Es ist einem egal.

Anders in der Literatur. Literatur besitzt nicht die Möglichkeit, augenblicklich überzeugende Bilder aufzubauen, und der Leser hat genug Zeit, das Buch wegzulegen, nachzudenken und sich zu fragen: Was genau fasziniert einen wohlhabenden Mann, der mit Leichtigkeit eine ebenbürtige, schöne und vielleicht auch wohlhabende Frau heiraten könnte, ausgerechnet an einer Ex-Prostituierten oder einem Ex-Junkie? Hat er keine Angst, sie könnte in ihr ursprüngliches Milieu zurückkippen? Hat er keine Eltern, keine Verwandten oder Freunde, die sich vehement gegen eine solche Verbindung wehren, die alles tun, um ihn davon abzubringen? Fühlt sie sich nicht unterlegen, er sich überlegen? Spielt er seine Überlegenheit nicht aus? Hat er nicht hin und wieder den Verdacht, nur des Geldes wegen geheiratet worden zu sein? Wird dieses Gefälle nicht allmählich zu einem Problem für die Beziehung? Sagt er nicht irgendwann im Streit zu ihr: *Du bist doch nur eine Nutte?*

Zweifellos lassen sich auf all diese Fragen befriedigende Antworten finden, doch die Fragen müssen gestellt und die Antworten gefunden werden!

Viele Autoren, mitunter auch etablierte Autoren, beschränken sich jedoch auf die bloße Behauptung des Unwahrscheinlichen. Reicher Mann heiratet arme Frau. Natürlich sind Ausnahmen von der Regel möglich und literarisch auch äußerst fruchtbar, doch dann möchte der Leser die genauen Umstände dieser Ausnahmekonstellation erfahren, er möchte wissen, wie die Hauptfigur genau aussieht und was ihn an ihr so fesselt, wie sie spricht und sich bewegt, wie er seiner Mutter Paroli bietet, die ihn zu enterben droht, wie er seinen Freund zurechtweist, der sich über ihre Aussprache oder ihr proletarisches Outfit lustig macht, wie sie streiten. All das unter den Tisch fallen zu lassen und Unwahrscheinliches als gegeben hinzunehmen, das Besondere als das Alltägliche auszugeben, macht den Text nicht nur kindisch und langweilig, sondern mündet in **Gedankenkitsch:** im (vielleicht gar nicht beabsichtigten) Verleugnen des Konflikts und im Heraufbeschwören einer heilen Welt.

Wobei sich natürlich die Frage stellt, wie sehr Leser und Leserinnen im 21. Jahrhundert überhaupt noch geneigt sind, den weitreichenden Verästelungen eines derartigen, im Grunde altmodischen Konflikts zu folgen und wie sehr sie sich ihn nicht aufgrund von Lektüre- und Filmerfahrungen auch ohne die konkrete Hilfestellung des Autors vorstellen können! Die Lösung für den Autor sollte jedoch nicht darin bestehen, blindlings auf einen bereits gegebenen Konsens, auf das Wissen des Lesers zu vertrauen, sondern ihn mit einem anderen, neuartigen Konflikt und dessen vielfältigen Konsequenzen zu überraschen! Männlicher Junkie heiratet Businessfrau!

Wenn ein Autor eine außergewöhnliche, unübliche Situation schildern möchte, was ja für ihn und auch für den

zukünftigen Leser lustiger und interessanter ist als das
Gewöhnliche und Alltägliche, dann sollte er sich auf die
Besonderheit dieser Situation einlassen.

- Wenn er zum Beispiel beschreiben will, dass eine Frau
  nach zehnjähriger Abwesenheit plötzlich wieder bei
  ihrem mittlerweile verheirateten Ex-Geliebten auftaucht und ihn zurückerobert, dann muss er sich die
  Zeit nehmen und die Mühe machen, zu zeigen, warum
  sie das nach zehn Jahren plötzlich will, mit welchen
  Strategien sie das tut und wie die Ehe des Ex beschaffen ist, auf dass er mühelos die Seiten wechselt ...

- Wenn er beschreiben will, dass eine alte Frau alle Zel-
  te in ihrer Heimatstadt abbricht, das Sparbuch auflöst
  und sich auf eine abenteuerliche Reise begibt, dann
  darf er sich nicht darauf beschränken, zu zeigen, wie
  sie ins Flugzeug steigt, sondern er muss klarmachen,
  aufgrund welcher inneren und äußeren Bedingungen
  ihr das möglich und für sie notwendig ist und warum sie sich über alle inneren und äußeren Instanzen
  hinwegsetzen kann, die sie zweifellos zum Bleiben
  bewegen möchten ...

Jede Haltung und jede Aktion einer Figur muss ein-
leuchtend motiviert sein.

Das **Motiv** muss nicht gleich, jedoch spätestens dann
geliefert werden, wenn der Leser ungeduldig zu werden droht und endlich wissen möchte, warum so gehandelt wird. Dramaturgisch ist es zumeist ergiebiger, nicht
gleich zu verraten, warum jemand etwas tut, so entsteht
ein Spannungsbogen zwischen Aktion und späterer Erklärung.

Motivation ist nicht gleich **Erklärung.** Unter Erklärung versteht man meistens eine vollständige Aufzählung aller Gründe, die zu einem Ereignis führen bzw. die Reduktion eines Ereignisses oder einer Handlung auf eine einzige, etwa psychologische Ursache: zum Beispiel auf das bereits zum Klischee gewordene Trauma in der Kindheit.

Die Aktion einer Figur soll jedoch nicht psychologisch erklärt werden, sondern vielmehr aufgrund des bisher Erzählten und aufgrund ihres bisher bekannten Charakters als **logisch** und **plausibel** erscheinen. Der Autor hat darauf zu achten, dass **Vorangegangenes** ausreichend vorhanden ist, um ein Ereignis und eine Handlung glaubhaft und logisch als dessen Folge erscheinen zu lassen.

So könnte eine alte Frau zum Beispiel nach dem überraschenden Tod ihres Sohnes in New York, aufgrund dessen sie unvermutet ohne Verwandte und Freunde dasteht, ihre Sachen packen und in ihre ehemalige Heimat Wien aufbrechen.

Mitunter lassen sich Figuren aber auch zu vollkommen unlogischen, beziehungsweise im ersten Moment vollkommen unpassend erscheinenden, aufgrund des Bisherigen unerwarteten, mitunter auch schockierenden Aktionen hinreißen – das macht die Würze einer Erzählung aus! Doch auch das Schockierende und Unlogische sollte bei genauerer Betrachtung plausibel erscheinen. So entsteht Spannung, es ergeben sich interessante Wendungen, und dem Charakter einer Figur wird eine bisher noch nicht dagewesene Facette hinzugefügt, die durchaus Sinn macht und gerechtfertigt erscheint.

Bei unserer Trennungsgeschichte könnte das zum Beispiel heißen, dass die Frau, die bisher als eher friedfertig und duldend dargestellt wurde, plötzlich zu einer Waffe greift oder einen teuflischen Plan schmiedet – etwa weil sie sich ausweglos in die Enge getrieben fühlt. Von der erzählerischen Fähigkeit des Autors und seinem Können hängt es ab, ob dies auch tatsächlich glaubhaft und plausibel erscheint.

Unglaubwürdig kann ein Roman in seiner ganzen Anlage sein, unglaubwürdig können aber auch einzelne Details sein:

- **Unglaubwürdig** ist z. B. ein Dialog, wenn die Figuren als Sprachrohr des Autors missbraucht werden.

Das ist die dunkle Seite der Hippiebewegung. Glaub mir, es gibt sie und sie macht Angst.

Wenn eine Figur auf diese Weise kommuniziert, dass das Mitglied einer Kommune sie mithilfe von Erpressung zum Beischlaf hat zwingen wollen, dann ist klar: Hier spricht nicht die Figur, sondern der Autor verspürt die Notwendigkeit, einen Kommentar zur Hippiebewegung abzugeben.

- **Unglaubwürdig** ist z. B., wenn der Autor seiner Absicht zuliebe, unbedingt Sachhaltiges unterbringen und erklären zu wollen, sich über alle **Gepflogenheiten des täglichen Lebens** hinwegsetzt – wenn er etwa zwei Freunde, die einander lang nicht gesehen haben, im Kaffeehaus unvermittelt über ihre Kindheit oder über indische Philosophie sprechen lässt (weil er nicht weiß, wo sonst er die notwendige Rückblende oder einen Sachverhalt unterbringen soll).

– **Unglaubwürdig** ist z. B., wenn ein Polizist bei einer eskalierenden Straßenschlacht einem gestürzten Kameramann aufhilft und ihm in dieser Situation, in der es um Leben und Tod geht, Vorwürfe macht, dass Gewalt im Fernsehen immer verharmlosend dargestellt wird ...

Literatur ist ein Spiel, doch wie jedes Spiel wird sie dann als befriedigend und als beglückend empfunden, wenn ihre Regeln so weit wie möglich jenen der Wirklichkeit nachgebildet sind. Der Autor ist ein Demiurg, der seine Figuren nach Belieben auf dem Schachbrett hin- und herschiebt, doch nur das Rössel springt ums Eck und der Turm zieht geradeaus.

Wie im außerliterarischen Leben steht auch in der Literatur jedem Wunsch und seiner Erfüllung ein Einwand und ein Skrupel entgegen, jede Strategie wird von einem Gegenspieler zu verhindern versucht, jede Äußerung trifft auf Widerspruch. Nicht nur die eine, sondern auch die andere Stimme zu Wort kommen zu lassen, sorgt für erzählerischen Reichtum und Plausibilität.

Textformen

Bevor man zu schreiben beginnt, sollte man ein paar Überlegungen zur **Textform** anstellen:

- Man kann einen Roman herkömmlich **erzählerisch** entwickeln, indem man im Zeitraffer größere Zeiträume zusammenfasst und einzelne Szenen hervorhebt, die sich an einem Ort und in einer kurzen überschaubaren Zeiteinheit abspielen (etwa eine Begegnung oder eine Abendgesellschaft). Die Figuren sind meist im (Prosa-)Fluss der Erzählung eingebettet und treten selten einzeln in den Vordergrund. Dialoge sind, sofern sie vorkommen, hauptsächlich in indirekter Rede gehalten.

- Man kann den Roman **szenisch** entwickeln, also in Form einzelner Szenen, in denen zeitlich und räumlich begrenzte Begebenheiten und Begegnungen dargestellt werden. Hier treten die Figuren hauptsächlich mit Dialogen in direkter Rede auf und können aus größerer Nähe beobachtet und dabei genauer und differenzierter beschrieben werden.

- Man kann eine **fragmentarische Form** mit offenen Szenen, unterschiedlichen Episoden, immer wieder unterbrochenen Reden und Vorgängen wählen.

- Man kann einen Roman durchgehend in Form eines **Dialogs,** aber auch in Form eines **Monologs** der Ich-Figur schreiben, wobei niemand direkt oder eine zweite Figur angesprochen wird. Diese kann, muss aber nicht im Roman vorkommen.

- Man kann den Leser auch **direkt** ansprechen: Die Ich-Figur erzählt dem Leser, was sie erlebt und beschäftigt.

- Außerdem kann man **innere Monologe** zur Beschreibung der Gefühle und Gedanken der Figuren einbauen.

- Man kann **chronologisch** erzählen oder **von hinten nach vorne.**

- Man kann die Geschichte in Form einer **Rahmenerzählung** darstellen, wobei man von einem gegenwärtigen Standpunkt aus über vergangene Ereignisse berichtet.

- Man kann für einen speziellen **Rhythmus** sorgen, etwa Aktion und Selbstreflexion der Figuren, Ruhe und Bewegung, dialogische Szenen und erzählerische Szenen abwechseln.

- Man kann mithilfe von Ich-Erzählungen mehrerer Figuren **unterschiedliche Perspektiven** erzeugen.

- Man kann eine Geschichte in einem **einzigen Strang** oder in **mehreren Strängen** erzählen, also mithilfe zweier einander abwechselnder Geschichten, die miteinander innig zu tun haben, einander bedingen, einander bereichern und vorantreiben.

Alle Sprach- und Textformen sind aber auch innerhalb eines einzigen Romans möglich, vorausgesetzt, ihr Einsatz ist als Methode des Romans erkennbar. In der Praxis heißt das, dass man sich im Laufe der Arbeit auf bestimmte Formen einigt und sich in der Folge auf sie beschränkt. Sie nach Laune beliebig einzusetzen, ohne ihren Einsatz dramaturgisch genau zu dosieren und zu kalkulieren, zeugt allerdings von ästhetischer Disziplinlosigkeit und zerstört die Einheit des Romans. Denn diese Einheit besteht eben in seiner genau kontrollierten Vielgestaltigkeit der Formen, die in ihrer bewussten Ausgewogenheit innerhalb der Erzählung den Roman zusammenhält und ihn als besonderes Ganzes erst stiftet.

Spannend und ergiebig kann es auch sein, für einen Roman eine Textform zu wählen, die landläufig nicht für Romane, sondern für ganz andere Genres vorgesehen ist, etwa für Lehrbücher, Haus- und Familienchroniken, Ratgeber, Polizeiberichte oder Lexika. Einen Roman in einer dieser Formen zu schreiben, setzt allerdings voraus, diese genau zu kennen und sich strikt daran zu halten. Auf diese Weise ergeben sich mitunter spannende **Kontraste** und **Verfremdungen**.

Montage

Eine avancierte Form der Textgestaltung in der Moderne ist die **Montagetechnik.**

Sprache ist prinzipiell Montage. Wörter sind Montagen von Buchstaben, Sätze Montagen von Wörtern, Absätze Montagen von Sätzen, Romankapitel Montagen von Absätzen und der ganze Roman ist eine Montage von Kapiteln. Auch die außerliterarische Weltwahrnehmung besteht aus Montagen. Die Augen bewegen sich nicht fließend, sondern ruckartig, erfassen immer nur einen Ausschnitt der Wirklichkeit. Erst das Gehirn montiert die jeweiligen Ausschnitte, lässt die Grenzen der einzelnen Ausschnitte verschwinden und suggeriert so das Kontinuum eines Gesamtbilds. Unsere ganze Wahrnehmung ist eine Montage von Einzelteilen: Tische und Sessel, Häuser und Straßen. Allerdings erleben wir sie nicht als Montage.

Auch beim Schreiben ist uns fürs Erste nicht bewusst, dass wir montieren. Für gewöhnlich bemüht man sich ja, möglichst *fließend* zu schreiben, Leseirritationen zu vermeiden, ein Wort *fließend* in ein anderes Wort, einen Satz *fließend* in einen anderen Satz übergehen zu lassen, Verbindliches einzufügen: mit einem Wort, die Montage nicht sichtbar werden zu lassen.

Doch die Montage hat immer schon zum Handwerkszeug von Autoren gehört. Montage ist, wenn in einem Romankapitel von einer Figur erzählt wird und in einem unmittelbar darauf folgenden Kapitel übergangslos von einer anderen Figur, die sich an einem anderen Ort befindet. Die Zeit zwischen den beiden Kapiteln wird übersprungen. Der Ortswechsel wird nicht thematisiert, sondern einfach gesetzt. Selbst in einem einzigen Absatz können mehrere Figuren auftreten, verschiedene Orte vorkommen und verschiedene Handlungen stattfinden. Während Figur A in einer Garage das Auto repariert, lässt sich Figur B gleichzeitig in einer Buchhandlung von einem Verkäufer beraten **(Parallelmontage)**.

Besonders deutlich ist das seit jeher bei Theaterstücken, wo Szenen einander ablösen. Gerade war man noch mit den Figuren A und B in einer Küche, schon ist man – Szenenwechsel! – mit den Figuren C und D in einem Büro! Und dann landet man – wieder Szenenwechsel! – erneut bei A und B und bei der Fortsetzung des Gesprächs aus der ersten Szene in der Küche. Bei allen Sprüngen wird jedoch darauf geachtet, dass der Leser bzw. der Zuschauer entsprechend seiner Sehgewohnheiten den Eindruck größtmöglicher Kontinuität gewinnt.

Die in der Moderne **radikalisierte Montagetechnik** will diese Wahrnehmung der Kontinuität bewusst durchbrechen. Dazu ein Ausschnitt aus *Berlin Alexanderplatz* (1929) von Alfred Döblin, einem Klassiker des Montageromans:

> *Der Schweiß auf seiner Stirn! Die Angst, wieder! Und plötzlich rutscht ihm der Kopf weg. Bumm, Glockenzeichen, Aufstehn, 5 Uhr 30, 6 Uhr Aufschluss, bumm bumm, rasch noch die Jacke bürsten, wenn der Alte revidiert, heute kommt er nicht. Ich wer bald entlassen. Pst du, heut nacht ist eener ausgekniffen, Klose, das Seil hängt noch draußen über die Mauer, sie gehen mit Polizeihunde. Er stöhnt, sein Kopf hebt sich, er sieht das Mädchen, ihr Kinn, ihren Hals. Wie komm ich bloß aus dem Gefängnis raus. Sie entlassen mir nich. Ick bin noch immer nich raus.*

Bei dieser Passage folgen dicht aufeinander:

- Textstellen in personaler Erzählweise (*Der Schweiß auf seiner Stirn, die Angst, wieder! Und plötzlich rutscht ihm der Kopf weg*)

- akustische Wahrnehmungen (*Bumm, Glockenzeichen ...*)

- eine direkte Rede des Protagonisten im Dialekt (*Ich wer bald entlassen*)

- eine direkte Rede einer anderen Figur, ebenfalls im Dialekt (*Pst, du, heut Nacht ist eener ausgekniffen, Klose, das Seil hängt noch über die Mauer, sie gehen mit Polizeihunde*)

- Erinnerungen des Protagonisten (*Er sieht das Mädchen, ihr Kinn, ihren Hals*)

Verbindende, vermittelnde Worte werden bewusst ausge-
lassen. Man könnte ja auch schreiben:

Vor Angst steht ihm wieder der Schweiß auf der Stirn.
Um 5 Uhr 30 hört er das Glockenzeichen, das wie ein
Hammerschlag in sein Bewusstsein fährt, es bedeutet,
aufstehen zu müssen, und auch, dass gleich die Zel-
lentür aufgeschlossen werden wird, da rutscht ihm
der Kopf vom Kissen, und er denkt daran, dass er jetzt
rasch die Jacke bürsten müsse ...

Der Unterschied ist eklatant. Der Effekt der Montage besteht in einer größeren Dynamik, einer viel größeren De-
tail- und Informationsdichte. Die Montage erweckt den
Eindruck von Gleichzeitigkeit und Allgegenwärtigkeit der
inneren und äußeren Realität des Gefangenen in einem
bestimmten Augenblick. Mit seinen konkreten, extrem
divergierenden Details und seinem nahezu assoziativen,
nichtsdestotrotz vom Autor genau kalkulierten und kon-
struierten Parcours bewirkt der Text, dass der Gefühls-
zustand des Protagonisten (und auch sein Aufenthaltsort,
Lebensumstände und Stimmung im Gefängnis, Redewei-
sen etc.) für den Leser direkt und auf eine Weise nach-
vollziehbar werden, zu der eine traditionelle Darstellung
nicht fähig wäre.

Konkrete, in sich abgeschlossene, eigenständige Details –
Fertigteile –, die weder sprachlich noch inhaltlich unmittelbar miteinander zu tun haben, sind hier dicht aneinandergereiht. Doch trotz ihrer unmittelbaren textlichen
Nähe bleiben deutlich sichtbare und spürbare Distanzen
zwischen den einzelnen Montageteilen erhalten. Die Fiktion einer Kontinuität, das Erlebnis des *Fließenden,* wird
ganz bewusst und mit der dezidierten Absicht zerstört,

darauf hinzuweisen, dass es keine Kausalitäten und Kontinuitäten mehr gibt, sondern ausschließlich Einzelteile, die sich der Leser – und jeder Leser auf seine Art –, wie in der außerliterarischen Wirklichkeit zu einer Einheit zusammenfügen muss. Der Autor liefert das Material und legt Zusammenhänge mehr oder weniger nahe, kontrolliert sie aber nicht vollständig. Aus den Bruchstücken, die der Text vorlegt, muss sich der Leser selbst seine – subjektive – Wirklichkeit zusammenbauen. Diese Technik reproduziert nicht nur die Zersplitterung der Welt, sondern auch die Zersplitterung der Menschen in verschiedene Subjekte mit subjektiven Einzelwahrnehmungen: Es gibt nicht mehr *die* Wahrheit, sondern viele Wahrheiten. Jeder sieht die Einzelheiten, aber deren Bedeutung und das Ganze sieht jeder anders.

Zwei auf den ersten Blick voneinander unabhängige Details, zwei getrennte Informationen werden nebeneinander gestellt und fordern den Rezipienten dazu auf, zwingen ihn, eine Verbindung, einen Zusammenhang – die dritte Information – selbst zu finden. Bei Döblins Text könnte diese so lauten: „Gefängnisalltag, großer Druck, große Angst."

Die Montage funktioniert nicht nur im Kleinen, bei Wörtern und Sätzen, sondern auch im Großen, bei Absätzen und Kapiteln. Auch hier können inhaltlich und formal unterschiedliche, in sich geschlossene Textteile hart aufeinanderstoßen, abrupt abwechseln und so ein disparates und komplexes Bild der Realität in Romanformat konstruieren.

Vorbild für die literarische Montagetechnik war u. a. die Schnitttechnik des Films. In einem Interview mit der

Zeitung FALTER im Jahr 2016 sagte der amerikanische Filmregisseur Jim Jarmusch: „Tatsächlich entsteht der Film beim Schnitt. Drehen ist nur die Materialsammlung." Die Materialsammlung ist allerdings eine wesentliche Voraussetzung: eine Abfolge von gedrehten Szenen, die ausgewählt und aneinandergehängt, gekürzt und auseinandergeschnitten werden, damit andere Szenen oder Einstellungen eingefügt werden können. Es sind **Fertigteile**, fertige Szenen, an denen nichts mehr geändert werden kann, mit denen die Handlung des Films nach den Vorstellungen des Regisseurs und des Cutters aufgebaut wird.

Die literarische Montagetechnik, die in den 20er-Jahren des vorigen Jahrhunderts „erfunden" wurde, hat allerdings nicht nur filmische Vorbilder, sondern auch literarische Vorläufer, etwa den Futurismus oder den Dadaismus, der zehn Jahre davor in Zürich von Autoren wie Hugo Ball und Hans Arp begründet wurde. Diese Autoren wollten natürlich nicht eine Filmtechnik nachahmen, sondern es ging ihnen darum, eine literarische Form zu finden, die der veränderten Wahrnehmung aufgrund der damals neuen Wirklichkeit der Arbeitswelt, der technischen Produktion und des Lebens in der Großstadt gerecht wurde. Sie hatten ein radikales, revolutionäres Interesse am Material Sprache, die Entwicklung des Films war dabei eine wertvolle Hilfe. Mit einer Sprache, die die Stille, das Überschaubare und Einheitliche des Land- und Kleinstadtlebens zu schildern gewohnt war, war der Wahrnehmung des Zersplitterten, Zufälligen und Rasanten, des unmittelbaren Aufeinanderprallens von Einzelheiten in der Großstadt nicht mehr beizukommen. Die Montagetechnik war viel besser in der Lage, das Mosaikhafte des Bildes einer Großstadt zu zeichnen – bei Döblin oder auch bei John Dos Passos (*Manhattan Transfer,* 1925) – und die neue Welt direkt und in aller Brisanz darzustellen. Die Montagetechnik baut den Großstadtblick mithilfe von Sprache nach.

Montagetexte erfordern vom Leser eine besondere Konzentration und Genauigkeit – eine Fähigkeit, die angesichts des herrschenden Medien- und Belletristikkonsums allerdings immer seltener anzutreffen ist. Obwohl immer wieder praktiziert, ist sie bis heute – nicht zuletzt auch aufgrund der postmodernen Wiederkehr der klassischen Romanform – eine seltene, avantgardistische und innovative Erzählform geblieben.

Ob sie zur Anwendung kommen soll, hängt vom Thema, vom gewünschten Charakter des Textes sowie vom Kunstwillen und vom Temperament des Autors ab.

Für einen angehenden Autor empfiehlt es sich jedoch auf jeden Fall, mit Montagetexten zu experimentieren, auch wenn sie einem nicht zu liegen scheinen. Man lernt dabei nicht nur sprachliche und formale Mobilität, sondern vor allem, den Inhalt zugunsten der Aufmerksamkeit auf das sprachliche Material zu distanzieren, was rückwirkend wieder der inhaltlichen Darstellung zugutekommt. Man entdeckt Möglichkeiten, etwa mithilfe von Kontrasten Überraschungen und Witz zu erzeugen, zu verknappen und zuzuspitzen und Redundanzen zu vermeiden. Man entwickelt ein Gefühl dafür, Inhalte ohne Umschweife, ohne sprachliche Umständlichkeit zu verbinden und auf den Punkt zu bringen. Man lernt etwas Wichtiges: **Sprachökonomie und Formbewusstsein**.

Überhaupt empfiehlt es sich für angehende Autoren, unterschiedlichste Textformen auch abseits vom Roman in

kleineren Texten und Geschichten auszuprobieren, um
deren Funktion und Qualität, Gesetzmäßigkeiten und
Vorteile kennenzulernen und deren Brauchbarkeit zu tes-
ten. Und so vor allem die eigenen Textvorlieben zu finden.

Komik, Ironie, Humor

Komik, Ironie und Humor sind die Würze der Literatur. Sie sorgen dafür, dass nicht nur ein Sachverhalt dargestellt, eine Geschichte erzählt wird, sondern dass darüber hinaus eine Stimmung der Souveränität entsteht, die es dem Autor und somit auch dem Leser erlaubt, die Dinge aus der Distanz zu betrachten und sich lachend über sie zu erheben. Der humoristische Autor nimmt den Leser gewissermaßen bei der Hand und sagt zu ihm: Schau, es ist ja gar nicht so schlimm, wie gedacht. Darin besteht der Trost, den Literatur zu geben vermag.

Komik, Humor und Ironie in der Literatur sind punktuell schwer zu fassen, sie sind vielmehr eine Schreibhaltung und entfalten sich Schritt für Schritt. Keinesfalls sollte man sie mit Witzen oder witzigen Bemerkungen verwechseln. Sporadisch in eine ansonsten unwitzige oder unironische Erzählung eingestreut, sorgen sie zwar für schnelle Lacher, verkürzen aber mitunter einen Sachverhalt auf ungebührliche Weise: Wenn ein Schriftsteller etwa schreibt, sein Protagonist habe sich in einer Phase der Depression eine Badewanne mit dem Namen *Amniotica forte* zugelegt, erzeugt das keine Komik, sondern zeugt vielmehr von Unwillen oder Unfähigkeit des Autors, sich auf eine Situation erzählerisch einzulassen. Er hat das Thema mit einem Satz erledigt.

Komik in der Literatur, aber auch in der außerliterarischen Wirklichkeit entsteht, wenn das **Mechanische** über das Lebendige triumphiert – wenn ein Mensch nicht auf der Höhe seiner Fähigkeiten, sondern unangemessen handelt, wenn er nicht imstande oder willens ist, den Anforderungen der Realität zu entsprechen, wenn er sich an

Veränderungen nicht anpassen kann, sondern stur sein Ding weitermacht – weil er dumm, naiv, kindisch oder betriebsblind ist, weil seine (körperlichen) Bedürfnisse ihm den objektiven Blick auf die Realität verstellen. In Henri Bergsons Essay *Das Lachen* findet sich eine lange Liste von Beispielen für eine derartige **Versteifung** des Menschen, aber auch für die **Mechanik** der Sprache: Verhaltens- und Redestereotypen, Zwänge, obsessive Wiederholungen, Kalauer ...

In der klassischen Literatur finden sich viele komische Charaktere. Ihr Prototyp ist Don Quijote, der in den Windmühlen Riesen erkennt und sie mit unzureichenden Mitteln bekämpft. In den klassischen Komödien, von der Commedia dell'arte, über Molière bis Feydeau und Labiche gibt es jede Menge Typen, die in ihrer Lächerlichkeit und Abhängigkeit von den eigenen Bedürfnissen dargestellt werden.

In der modernen Literatur werden seltener komische Figuren vorgezeigt, sondern vielmehr komische Sprechhaltungen inszeniert. Dazu nötig ist eine konsequente **Verstellung.** Der Autor erzählt eine Geschichte nicht aus der Perspektive des wissenden, objektiven Beobachters, sondern subjektiv und verzerrt. (Aus diesem Grund haben die Ich-Perspektive und die personale Perspektive immer etwas latent Ironisches und Komisches.) Er schlüpft z. B. in die Rolle eines Kindes oder eines naiven Dummkopfs und beurteilt aus dieser eingeschränkten Perspektive Dinge, die sein Auffassungsvermögen übersteigen. (Und gewährt dem Leser im besten Fall eine Erkenntnis *ex negativo,* zeigt ihm die Wahrheit wie in einem Vexierspiegel.)

Der Autor muss dem Leser zuliebe eine Anstrengung vollbringen, die ihm unter Umständen in seinem außerliterarischen Leben äußerst zuwider wäre: Er muss sich klein machen, sich dumm stellen, er muss seine Fähigkeit zu differenzieren und zu objektivieren aufgeben. Er muss einen Sachverhalt aus einer extrem eingeschränkten Perspektive darstellen, mitunter auch Moral und Verstand hintanstellen.

Das beste Beispiel hierfür ist Thomas Bernhards *Alte Meister:* Der fiktive Erzähler schimpft über die österreichische Kultur, gibt apodiktische Urteile von sich, „Die Vorstellung war entsetzlich", macht sich über die Geistesgrößen Bruckner, Stifter und Heidegger lustig. Zweifellos kein objektives Urteil, das der Wirklichkeit gerecht würde, doch die **Sturheit** des Erzählers, sein **Sich-Versteifen** erzeugt komische Effekte. Dem Leser teilt sich die **Lust** des Erzählers mit, sich über die Wirklichkeit hinwegzusetzen, ihr seine Sichtweise aufzudrücken und somit einen illusorischen Triumph über die Realität zu erleben.

Die österreichische Literatur hatte immer eine Vorliebe für Komik und Humor. Im katholischen Österreich, wo sich die Aufklärung nie so durchsetzen konnte wie im protestantischen Deutschland, haben Formen der Volkskomödie und des Komödiantischen überlebt – die österreichische Komik wird, vor allem wenn sie sexuell oder körperlich getönt ist, in der BRD nicht wirklich goutiert.

In der österreichischen Literatur wimmelt es von Anti-Helden, die zu dumm, zu triebgesteuert, zu verbohrt, zu sehr auf dem falschen Dampfer sind, um zu begreifen, wie ihnen geschieht und was sie tun. In Margit Schreiners Roman *Haus, Frauen, Sex.* zum Beispiel posaunt ein männlicher Erzähler, der von seiner Frau verlassen wurde, sein Lebensleid hinaus. Die Autorin legt ihm einen zugespitzten Monolog in den Mund, in dem er seine radikal subjektive Perspektive zum Ausdruck bringen darf. Der ironische Effekt ergibt sich aus der Diskrepanz zwischen **Gesagtem** und **Nicht-Gesagtem**: Der Leser ahnt, dass die Wirklichkeit seiner Version unter Umständen diametral gegenübersteht.

> *Jugendamt! Denen werde ich etwas erzählen. Immer ist nur von den Frauen die Rede. Unterdrückung und so weiter, Quotenregelung. Und was ist mit uns? Wir arbeiten ein Leben lang, finanzieren alles, dürfen im Haushalt mithelfen, weil sonst gelten wir ohnehin als die letzten Machos, dürfen abends, wenn wir von der Arbeit kommen, noch die Kinder von der Tagesmutter abholen, weil die Mutter ja unbedingt arbeiten muss, obwohl sie erwiesenermaßen weniger verdient als Frau und dann ... Wir waren ein Idealpaar. Ich werd die Frauen nie verstehen, da schweigen sie zwanzig Jahre lang und auf einmal sind sie weg. Das geht einfach nicht hinein in meinen Kopf.*

Einen klassischen Weg, Komik zu erzeugen, beschreitet Antonio Fian in seinem Erzählband *Im Schlaf*: Er erzählt Träume nach. In Abwesenheit der vermittelnden (erwachsenen) Instanzen Moral und Verstand bleibt das Geträumte unkommentiert und rätselhaft:

> *Eine Zusammenkunft vieler Schriftstellerinnen und Schriftsteller fand statt, eine informelle Feier, an deren Organisation ich zumindest beteiligt war, denn ich servierte Getränke, fragte die Gäste, ob sie irgendwelche Wünsche hätten, etc. An einem Tisch in einer Saalecke saßen Reto Hänny und Ludwig Fels über Papiere gebeugt, und als ich von ihnen wissen wollte, ob alles zu ihrer Zufriedenheit sei oder ob ich ihnen*

etwas zu essen oder trinken bringen solle, sagten sie,
nein, alles in Ordnung, ich möge sie nur in Ruhe las-
sen, sie wollten die Gelegenheit nutzen, um gemein-
sam ein Konzept auszuarbeiten, wie man Dichtung
populärer, die Literatur unters Volk bringen könne ...

An diesem Zitat offenbart sich allerdings auch die Begrenztheit von Komik und Ironie. Sie entfaltet sich nur, wenn der Adressat die Bezüge erkennt. Was man komisch findet bzw. ob man Ironie erkennt, hängt vom jeweiligen Kulturkreis und der Zugehörigkeit zu einer bestimmten sozialen Gruppe, von Konventionen und gesellschaftlichen Normen, vom Bildungsstand, vom intellektuellen Niveau und nicht zuletzt auch von Situation und Stimmung, in der man sich augenblicklich befindet, ab. Bilder und Texte, die die einen komisch finden, sind für andere mitunter unverständlich, geschmacklos, blasphemisch, aufrührerisch, unmoralisch oder einfach auch nur fad.

Ein probates Mittel, Komik zu erzeugen, ist auch die **Antiklimax,** die Enttäuschung einer davor aufgebauten Erwartungshaltung:

Als der Hahn einen Schnupfen hatte, wetteiferten
sämtliche Hühner des Hofs um seine Pflege. Einige
fanden ein solches Gefallen daran, dass sie ihm, kaum
war er geheilt, ein Bein stellten und ihn ins Wasser
plumpsen ließen, damit er sich von neuem einen
Schnupfen hole. Stattdessen holte er sich eine Lun-
genentzündung und verschied. (Luigi Malerba, Die
nachdenklichen Hühner)

Und natürlich gibt es auch zahlreiche Autoren, allen voran Elfriede Jelinek, die sich die Mechanik der Sprache zunutze machen, um komische Effekte zu erzielen, bei denen Kalauer, Sprachschablonen, das Wörtlich-Nehmen von Metaphern Strukturprinzip sind:

> *Der Direktor könnte seine Frau jederzeit mit dem Schädel voran in den Garten schmettern, sie soll nur aufpassen, wenn sie sich die Wimpern wieder einmal tuscht. Dann läßt er's aber tuschen, dann regt sich sein Bedürfnis wie eine Quelle im Wald, und unnütze Tränen werden ihr Gesicht bis zur Unkenntnis verschmieren, und purpurne Flecken (Gerti!) werden auf der Heide ihres Leibes blühen.*

Komik entsteht immer aus der Diskrepanz zwischen ernster Situation und **unangemessenem Bewältigungsversuch**. Sie entsteht, wenn eine Person in einer existenziellen, problematischen Situation zu zappeln und zu fuchteln beginnt. Wenn sie um sich schlägt. Und stur mit falschen oder untauglichen Mitteln einen persönlichen Sieg davontragen möchte. Wenn sie sich die Realität zurechtbiegt, über die Zumutungen der Wirklichkeit triumphiert, sich trotzig behauptet! Sich nicht unterkriegen lässt!

Wobei wahre Komik den Adressaten am Triumph des Lustprinzips über das Realitätsprinzip teilhaben lässt und ihm nicht nur zynisches Lachen über angeblich depperte und unfähige Figuren ermöglicht.

Es gibt nämlich keine von vornherein komischen Handlungsweisen und Typen. Wie man anhand gewisser Fernsehkomödien beobachten kann, sind Stereotypen – der faule Beamte, der tölpelhafte Polizist, die lüsterne Hausfrau – wie jedes Klischee tautologisch und fad. Komik muss hingegen mithilfe origineller Wendungen, Sicht-

und Darstellungsweisen immer wieder aufs Neue hergestellt werden.

Bewährte Techniken, Komik zu erzeugen, sind u. a.:

- ad absurdum geführte Szenen und Dialoge

- überraschende Eskalationen

- Übertreibungen und übergenaue Schilderungen

- Kontraste zwischen der „Heiligkeit" des Ortes und dem Einbruch des Alltäglichen

Scheidung auf komisch – ein Anwendungsbeispiel

Auch eine Scheidung lässt sich komisch darstellen. Gerade eine Trennungsgeschichte bietet jede Menge Material für Versteifungen und Sturheit der Figuren. Komisch wäre zum Beispiel:

- Ein ins Absurde getriebener Dialog über eheliche Untreue, eine Debatte darüber, in welchem Augenblick – mit welchem Blick, mit welchem Lächeln, mit welcher Geste – diese tatsächlich begänne; die Figuren könnten erbittert, wortklauberisch, pseudowissenschaftlich und grotesk über Blickarten und Bedeutungen von Gesten streiten.

- Eine eskalierende Eifersuchtsszene, bei der der Mann die Kleider seiner Frau kriminaltechnisch nach Indizien absucht und auch ihre Schuhsohlen inspiziert, um Hinweise über ihre Aufenthaltsorte zu erlangen.

- Die genaue Beschreibung obsessiver Handlungen: ein Eitelkeitsanfall des Mannes oder ein lautstarker Streit in einer Pause in der Oper.

- Wenn die Frau ihrem Mann in aller Öffentlichkeit plötzlich ein sexuelles Angebot macht, um ihn bloßzustellen oder zu provozieren.

- Wenn sie ihrem Mann in einem gestelzten, psychologisierenden Fachjargon seine Gefühle und Haltungen zu erklären sucht.

Katastrophen im Text

Kitsch

Kitsch ist das reine Gegenteil von Literatur. Bisher haben wir unablässig betont: Um einen Roman zu schreiben, muss man Konflikte suchen, konstruieren, erfinden. Der Dialog besteht aus Rede und Widerrede, ein Roman ist nur dann plausibel, wenn die Figuren nicht allzu mühelos an ihr Ziel gelangen.

Literatur ist somit der Inbegriff von **Konflikt,** sie betont Ambivalenzen, Kontraste und Komplexität. Kitsch hingegen ist die Verleugnung all dessen. Er ist Harmonie, Behübschung, Verharmlosung, Vertuschung von Widersprüchen, Idyllensuche, eine **Diktatur der Wohlgefühle.** Literatur zerrt die Konflikte, die dunklen Seiten und Abgründe ans Tageslicht, Kitsch blendet sie mit erprobten Strategien bewusst aus. Er säubert die Realität von allem, was beunruhigt, relativiert, Auseinandersetzung und Lösung komplexer Probleme erfordert, eben von allem, was unsere Realität ausmacht und uns im Alltag ständig begegnet. Er gaukelt eine heile, unkomplizierte, schöne Welt vor.

Angesichts eklatanter Kitschprodukte – Rosamunde Pilchers Liebesromane und Paulo Coelhos Kalenderblattweisheiten – rümpfen wir die Nase, da fühlen wir uns in unserer Intelligenz beleidigt. Dennoch gibt es raffinierten literarischen Kitsch, von dem sich auch anspruchsvolle Geister verführen lassen. Er imponiert zumeist mit einer besonders schönen, wie gedrechselt wirkenden Sprache, mit leeren, jedoch tiefsinnig wirkenden Behauptungen, mit **sprachlichem Bombast.** Auch exotische Schauplätze und Altertümliches, unter anderem eine altertümlich wirkende Sprache, sind bei Kitschautoren sehr beliebt, sie möchten ja alles vermeiden, was an Gegenwart, Realität und Alltag erinnert.

Kitsch ist eine Frage des Charakters. Manche Menschen neigen dazu, zu überhöhen, zu idealisieren, die Dinge schönzureden, andere wiederum sind Pragmatiker, die den Widrigkeiten des Lebens allenfalls mit Humor und Ironie begegnen. Daran kann man nichts ändern. Die Liebe zum Kitsch kann man jemandem nicht ausreden, man kann ihm allenfalls raten, nicht allzu dick aufzutragen.

Kitsch passiert jedoch auch. Er passiert, wenn man die Sprache aufpeppen möchte oder wenn man, wie im Kapitel *Plausibilität* (ab S. 138) beschrieben, davon absieht, einer Figur die nötigen Prügel vor die Füße zu werfen, wenn man nicht genügend Mühe und Interesse aufbringt, die einander widerstrebenden Momente einer Situation oder des Innenlebens einer Figur zu erforschen und darzulegen.

Möchte man vermeiden, in die Kitschfalle zu gehen, empfiehlt es sich, Sprache und Stil des fertigen Texts auf Folgendes hin zu überprüfen:

Vergleiche

Der Wie-Vergleich ist das bevorzugte Stilmittel des Kitschautors. Seinem Wunsch zufolge soll eine Sache, ein Phänomen nie diese Sache, dieses Phänomen allein sein, sondern immer auch etwas anderes, natürlich etwas Größeres, Bedeutenderes und Schöneres. Eine Figur erwacht nicht einfach, sondern ihr Erwachen ist wie

das Auftauchen eines Fisches aus tiefsten Meeres-
gründen

und

die blattlosen Zweige am Baum vor dem Fenster gli-
chen bleichen Knochen.

Die derart beschriebene Person wacht nicht einfach auf. Es
darf nicht einfach heißen: *Er wachte auf und schaute aus dem*
Fenster, der Baum war kahl. Der Vergleich soll zu verstehen
geben, dass es oberhalb der beschriebenen Realität eine
Sphäre des Kostbaren gibt und dass das Geschehen Teil dieser Sphäre ist. Der einfache Vorgang ist dem Autor zu trivial.
Er ist der Meinung, das Literarische bestünde darin, das Einfache zu etwas Kostbarem herausputzen, das Alltägliche mit
tiefsinnigen Beigaben zu etwas Bedeutsamem aufzumotzen.

Der **Vergleich** beeindruckt auf den ersten Blick, täuscht
literarische Phantasie und sprachlichen Reichtum vor,
offenbart sich bei näherem Hinsehen jedoch zumeist als
leer und banal, wenn nicht gar als unpassend. Er fügt der
Sache nichts Neues, keine zusätzliche Information hinzu,
er ist Ornament, Schnörksel.

In ihren Fellmänteln kamen die beiden wie zwei Pelz-
tiere aufeinander zu.

Baldachine schwebten wie fliegende Teppiche über
ihren Köpfen.

Was bringt der Vergleich, dass zwei Menschen in Pelz-
mänteln wie zwei Pelztiere aussehen? Nichts. Er ist nur
platt und redundant.

Noch exquisiter klingt der mit

Ihr/Ihm war, als ...

beziehungsweise der mit

Ihr/ihm schien, als ...

eingeleitete Satz. Nicht:

Ihr schwindelte,

sondern:

Ihr war, als stürzte sie in einen Abgrund ...

Oder wenn sich jemand nicht einfach *eingeschlossen* fühlt, sondern

gleichsam eingeschlossen ...

Was tun? Sprachlich kühner, aber auch riskanter ist die Metapher, die zwei Realitäten nicht gleichsetzt, sondern eine Realität durch eine andere ersetzt. Robert Musil schreibt:

Die Luft gor.

Er schreibt nicht:

Die Luft perlte wie Champagner.

Andererseits muss nicht jeder Vergleich automatisch in Kitsch münden. Manchmal fügt er der beschriebenen Sache durchaus einen neuen, überraschenden Aspekt hinzu.

Monika Helfer beschreibt in ihrem Roman *Schau mich an, wenn ich mit dir rede!*, wie ein Junkie versucht, seine im komatösen Schlaf liegenden Freunde zu retten:

> *Deshalb rüttelte er an den Kollegen, bevor er sie nacheinander aus der Wohnung schleifte. Legte sie draußen im Flur nebeneinander wie Zigarren. Sollten sie vor der Wohnungstür weiterdampfen! (...) Er drehte Sonja auf den Rücken, sie schlug die Augen auf wie eine Schlafpuppe.*

Hier ist die Schreibabsicht eindeutig Ironie, nicht Kitsch!

Mittelwörter

Mittelwörter oder *Partizipien* sind Mischformen aus Verb und Adjektiv:

> Der auf dem Sofa *liegende* Hund bellte. (Mittelwort der Gegenwart)

> Ich betrachtete seine gerade eben *kupierten* Ohren. (Mittelwort der Vergangenheit)

Mittelwortkonstruktionen wirken im Lateinischen sehr elegant und sind im Englischen und in den romanischen Sprachen gang und gäbe. Im Deutschen hingegen sind Satzgefüge und Relativsätze gebräuchlicher. Dennoch haben Mittelwörter in letzter Zeit einen Siegeszug angetreten, entweder weil sie bei schlechten Übersetzungen eins zu eins übernommen werden oder weil die Kitschquote steigt.

Im Deutschen kann man einen Satz mithilfe eines Mittel-
worts **verkürzen**. Man erspart sich dadurch einen Neben-
oder Hauptsatz, der so lauten würde:

Der Hund, der auf dem Sofa lag, bellte.

oder:

Der Hund lag auf dem Sofa und bellte.

*Ich betrachtete seine Ohren, die gerade kupiert wor-
den waren.*

Mithilfe von Mittelwörtern, vor allem Mittelwörtern der
Gegenwart, kann man der Sprache jedoch auch etwas **ex-
quisit Pompöses** verleihen:

*Von den Hügeln her kommend ließ er lange seinen
Blick über das Tal schweifen.*

oder:

*Die von Gold, Lackglanz und Seide in flackerndem
Licht schimmernde, dabei aber seltsam leer erscheinende Halle konnte offenbar nur einem Ziel dienen.*

Partizipien sind unter anderem ein Merkmal der umständlichen und auf Details versessenen Beamten- und
Behördensprache. Auf die Spitze getrieben erzeugen sie
durchaus komische Effekte: Thomas Bernhard schrieb
über Glenn Gould, er sei der *ernstzunehmendste Mensch*
gewesen.

Fällt die ironische Absicht jedoch weg, verfolgen Partizipien wie alle Stilmittel des Kitsches den Zweck, Sätze

mit informationslosen, **redundanten Füllseln** zuzukleistern, die sprachlichen Reichtum vortäuschen:

Ein mit Zorn vermischter Schmerz quälte die Frau in dieser vibrierenden, zeitweise unterbrochenen Dunkelheit, aus der sie nicht aufzutauchen wagte.

oder:

Aber mit dem Einsetzen eines tagelang gleichmäßig herabrauschenden Regens und eines milden, nach Kiefernharz, Lavendel und Lotos duftenden Windes kam jener alles verändernde Morgen.

Übertreibungen, Verdoppelungen, Adjektive

Nichts ist dem Kitschautor mehr verhasst als das Gewöhnliche. Deshalb versucht er bei jeder Beschreibung auf die Tube zu drücken.

Er begnügt sich nicht mit einem Adjektiv, nein, es müssen mindestens zwei oder gar drei sein:

Der Kaiser liebte windstilles, trockenes und heiteres Wetter.

Sehnsucht nach dieser unberührbaren, unerreichbaren Frau

unruhige, disharmonische Probeläufe

Bei genauer Betrachtung stellt sich meistens heraus, dass die Adjektive keine Steigerung im Sinn einer Klimax darstellen oder jeweils neue interessante Informationen hinzufügen, die sie rechtfertigen würden, sondern dass sie nur eine beliebige Aufzählung sind und mehr oder weniger dasselbe bedeuten. Eines hätte vielleicht auch genügt.

Farben sind nicht einfach

blau oder *grün*,

sondern

tiefblau und *tiefgrün*.

Auch hier offenbart sich die Absicht, aus etwas Einfachem etwas Besonderes zu machen. Der Autor bedrängt den Leser mit der Demonstration seiner Fähigkeit, Exklusives zu liefern.

Auch **Wiederholungen und Verdoppelungen** eignen sich hervorragend, überbordende sprachliche Phantasie vorzutäuschen.

Eine wilde Lust überkam sie, sie war geneigt zu heulen, zu schluchzen, sich zu Boden zu werfen, sich etwas anzutun, zu sterben.

Hier stellt sich gleich die Frage: Wozu war sie jetzt wirklich geneigt: „zu heulen", „zu schluchzen" oder „zu sterben"? Offenbar zu allem gleichzeitig, doch die Verben heben einander auf und verkommen zu einer beliebigen Liste. Man könnte sie nach Lust und Laune verlängern: „zu schreien", „mit dem Kopf gegen die Wand zu rennen", „aus dem Fenster zu springen". Die Aufzählung verstärkt die emotionale Wirkung nicht, sie bringt sie um. Abgesehen davon, dass sich der Autor auch nicht entscheiden kann, ob sie nun „eine wilde Lust überkam" oder nur eine Neigung dazu, was zwei unterschiedliche Haltungen sind, die die Figur nicht gleichzeitig haben kann. Der Autor sollte aber entscheiden und klar sagen, was seine Figur bewegt, nicht beliebige, unterschiedliche Angebote an den Leser machen, die die Sache verunklären.

Der Kitschautor fügt jedem Nomen ein Adjektiv bei, egal, ob es imstande ist, dieses näher zu definieren oder nicht, jede Aufzählung treibt auf einen Höhepunkt hin. Ein Raum ist nicht einfach tief, er ist

furchterregend tief.

Eine qualvolle Unruhe überkam ihn.

Verdoppelungen fügen keinen neuen Aspekt hinzu, sondern verweisen nur auf sich selbst:

drohende Sturmgefahren, blendendes Gleißen

Adjektive sollten hingegen sparsam und kalkuliert eingesetzt bzw. bei der Überarbeitung rigoros überprüft und eventuell gestrichen werden.

Auch der **Superlativ** gehört zum Standardrepertoire des Kitschautors:

Der Mörder G. wurde am allerstinkendsten Ort von Paris geboren.

Seltsamerweise sollte C. an diesem Tag den geheimnisvollsten und für die allermeisten Untertanen un-

zugänglichsten Ort des Reiches beruhigend, ja fast vertraut empfinden.

Diese Erkenntnis war die größte Kostbarkeit, über die er je verfügt hatte.

Doch aufgepasst! Auch die Übertreibung ist ein Stilmittel der Ironie. Von der Dosis und von der erkennbaren Haltung und Absicht des Textes hängt es ab, ob sie als beabsichtigte Komik oder als Pathos und somit mitunter als unfreiwillige Komik zu Buche schlägt.

Schlechtes Deutsch

Eigentlich sollte man voraussetzen, dass angehende Autoren mit schlafwandlerischer Sicherheit über ihr Material, die deutsche Sprache, gebieten. Doch dem ist nicht so. Die Beschäftigung mit Grammatik ist auch in der Schule zunehmend verpönt und so manch angehender Autor rechtfertigt sein mangelhaftes Deutsch mit künstlerischer Freiheit. „Man versteht es doch eh", hört man immer wieder auf den Einwand, ein Text sei sperrig und umständlich, wenn nicht gar unverständlich. Doch das Eh-noch-Verstehen reicht bei Weitem nicht aus, der Leser hat den Wunsch und das Recht, sprachliche Strukturen schnell verarbeiten zu können. Regelbrüche sollten bewusst gesetzt werden, um gewisse Effekte zu erzielen, sie sollten keinesfalls aus Unwissenheit passieren.

Korrekt gesetzte Beistriche, richtig verwendete Zeiten, Konjunktive, Relativsätze usw. sind dazu da, um Klarheit zu schaffen und notwendige Differenzierungen zu treffen.

Wer ihrer nicht mächtig ist, verzichtet auf den Reichtum der Sprache.

Bei Unsicherheiten leisten der Duden und andere Nachschlagewerke wertvolle Hilfe, hier sollen nur einige Punkte aufgelistet werden, die angehenden Schriftstellern erfahrungsgemäß immer wieder Probleme bereiten.

Syntax

Ein Satz ist kein hierarchieloses Gebilde. Es gibt betonte und unbetonte Satzteile, wichtige und weniger wichtige Informationen. Beim Sprechen setzen wir automatisch richtige Betonungen, beim Schreiben, vor allem bei der Darstellung komplexer Sachverhalte, geraten diese mitunter durcheinander.

Laut Sprachwissenschaft ist Deutsch eine **linksverzweigende Sprache,** das heißt, der Schwerpunkt (das Verb mit den direkt davon abhängigen Objekten) steht rechts und weniger wichtige Informationen, u. a. Orts- und Zeitbestimmungen, werden nach links verschoben. Nehmen wir zum Beispiel den Satz:

Eine alte Frau mit einer Schürze und schmutzigen Schuhen saß ganz hinten in der Kirche.

Ganz hinten in der Kirche saß eine alte Frau mit einer Schürze und schmutzigen Schuhen.

Unserem Sprachgefühl zufolge ziehen wir den zweiten Satz vor. Bei der ersten Variante wird die Ortbestimmung *ganz hinten in der Kirche* aufgrund der Endstellung betont. Das klingt sperrig und ist nur dann gerechtfertigt, wenn der Sprecher diese Information (dass die Frau nämlich ganz hinten in der Kirche sitzt und nicht vorne) für überaus wichtig hält und auch tatsächlich betonen möchte.

Werden viele unwichtige Informationen an das Satzende gestellt, ergibt sich der Effekt eines Mäuseschwänzchens:

Heute werde ich spazieren gehen, sofern es nicht doch noch zu regnen beginnen sollte und ich befürchten muss, dass der Weg unbegehbar wird, denn er ist nicht überall asphaltiert.

Natürlich folgt die Sprache keinem starren Schema, die Betonungen hängen vom Kontext, vom Satz davor und vom Satz danach und von der speziellen Intention des Sprechers ab.

Bei Texten unerfahrener Autoren hat man jedoch manchmal den Eindruck, dass hauptsächlich unwichtige und nebensächliche Details ans Tageslicht gezerrt werden – dadurch entsteht der Eindruck, ein Schleier würde über dem Wichtigen liegen. Der Grund dafür ist oft eine fehlerhafte Syntax.

Zeiten

Die gebräuchlichste und klassische Erzählzeit im Deutschen ist das **Präteritum,** die Mitvergangenheit, im Sinne von: *Es war einmal.* Das Erzählte ist hier immer schon das Vergangene.

Um den Effekt von **Unmittelbarkeit** zu erzielen und dem Leser vorzugaukeln, er nähme aktuell und unmittelbar an den gerade geschilderten Ereignissen teil, erzählt man manchmal im **Präsens,** in der Gegenwart. Das erfordert allerdings eine andere, direktere Erzählhaltung, die mit szenischen und dialogischen Darstellungsformen einhergeht. Diese stellen schon per se eine größere Nähe zum Erzählten her.

Bei einer Rückblende oder wenn man etwas schildern möchte, das vor den auf der Erzählebene geschilderten Ereignissen passiert ist, sollte die **Vorzeitigkeit** der Verständlichkeit zuliebe markiert werden. Erzählt man im Präteritum, markiert man die Vorzeitigkeit mithilfe des **Plusquamperfekts** (Vorvergangenheit), erzählt man in der Gegenwart, markiert man sie mithilfe des **Perfekts** (Vergangenheit). Bei Joseph Roth heißt es:

> *Die Trottas waren ein junges Geschlecht. Ihr Ahnherr hatte nach der Schlacht bei Solferino den Adel bekommen.*

Wäre die Erzählebene die Gegenwart, würde der Satz so lauten:

> *Die Trottas sind ein junges Geschlecht. Ihr Ahnherr hat nach der Schlacht bei Solferino den Adel bekommen.*

Die zusammengesetzten Zeiten Perfekt und Plusquamperfekt sind **umständlich** und sperrig. Um die mehrfache Wiederholung von *hat* und *ist* bzw. *hatte/n* oder *war/en* zu vermeiden, kann man sich – sobald man dem Leser klargemacht hat, auf welcher Erzählebene er sich befindet – vom Plusquamperfekt ins Präteritum zurückschwindeln:

> *In der Schlacht bei Solferino befehligte er als Leutnant der Infanterie einen Zug.*

Manchmal wird auch im **Perfekt,** in der Vergangenheit, erzählt. Dabei sollte man sich jedoch vor Augen halten, dass das Perfekt als Erzählzeit eine österreichisch/süddeutsche Besonderheit ist und dass man auf diese Weise unausweichlich den Effekt von Umgangssprachlichkeit erzielt. Autoren wie Wolfgang Haas haben diese im Grund inkorrekte Form zur Kunstsprache stilisiert:

Jetzt ist schon wieder was passiert.

Erzählt man im Perfekt, nimmt man sowohl Umgangssprachlichkeit als auch Wolf-Haas-Anklänge bewusst in Kauf.

Absolut zu vermeiden ist allerdings ein **beliebiges Hin- und Herspringen** zwischen den Zeiten.

Konjunktive

Der **Konjunktiv** hat die Funktion anzuzeigen, dass etwas nicht *ist,* sondern *sein könnte,* dass etwas möglich wäre oder gewünscht wird, beziehungsweise dass etwas unmöglich oder sehr unwahrscheinlich ist. Konjunktive kommen vor allem im Bedingungssatz (*Wenn ich ein Vöglein wär, flög' ich zu dir*) und in der indirekten Rede zum Einsatz.

In der indirekten Rede wird auf diese Weise kenntlich gemacht, dass das Behauptete nicht absolut ist, sondern eine Relativierung durch eine vermittelnde Instanz erfahren hat. Das Gesagte kann der Wahrheit entsprechen oder auch nicht:

Er sagt/e, sein Sohn habe geheiratet.

oder:

Er sagte, sein Sohn hätte geheiratet.

Der Konjunktiv besitzt großes literarisches Potenzial. Viele österreichische Autoren haben mit seiner Hilfe einen ironischen Stil entwickelt, der sich hervorragend dazu eignet, Subjektives wiederzugeben und die objektive Wahrheit und Wirklichkeit anzuzweifeln.

Dafür, daß er an einem eingangs bezogenen Tage unter einer Pflanze gelegen sei (habe), deren Namen einer seiner Stammesvorgänger sich angeeignet hat, gibt Genannter die folgende Begründung an. Er heiße Schmul Leib Zwetschkenbaum, sei gebürtig in Brody (Ostgalizien), wo sich auch seine Eltern befunden hätten, zu der Zeit nämlich, als dieselben noch am Leben gewesen wären. Sie seien nach Hinterlassung von sieben Kindern arm gestorben. Vorher hätten sie mit allem möglichen gehandelt, angeblich ohne bleibenden Nutzen. Von den sieben Kindern seien zwei in Amerika, und zwar einer in einer Wäscherei, der andere in einer Färberei tätig gewesen. Diese hätten früher ab und zu Geld für die Familie geschickt, seit Ausbruch des Weltkriegs aber nichts mehr. (Albert Drach, Das große Protokoll gegen Zwetschkenbaum)

Als Zitat und subjektive Meinung verpackt lassen sich auf diese Weise auch ansonsten verpönte Behauptungen aufstellen:

Herr Buddenbrook aber war böse auf diese Weisheit, er verlangte durchaus zu wissen, wer dem Kinde diese

Stupidität beigebracht habe. (Buddenbrooks, Thomas Mann)

Da Grammatikregeln zunehmend gelockert werden und Autoren die Grenzen der Sprache unablässig ausloten, hat es sich mittlerweile auch eingebürgert, in der direkten Rede den Indikativ anstelle des Konjunktivs zu verwenden:

Er sagte, sein Sohn hat geheiratet.

Zweifellos entsteht dadurch ein anderer Effekt: Der Satz wirkt einerseits umgangssprachlich und weniger elegant, anderseits kann am Wahrheitsgehalt des Nebensatzes kaum gezweifelt werden.

Aufgrund seiner etwas komplizierten Form scheuen angehende Autoren manchmal vor der Anwendung des Konjunktivs zurück, in Hinblick auf Vielfalt und Differenzierung sollte man auf das Spiel von Indikativ und Konjunktiv, Wirklichkeit und Möglichkeit, jedoch keinesfalls verzichten.

Relativsätze

Der *Relativsatz* hat im Deutschen die Funktion eines Attributes. Er definiert ein Substantiv:

Das ist die Frau, die ich gestern im Bus gesehen habe.

oder:

Linda, die gerade Kaffee kochte, schaute auf.

Aufgrund von wortwörtlichen Übersetzungen aus Sprachen, in denen der Relativsatz anders gebildet wird als im Deutschen, vielleicht aber auch aufgrund kreativen Übereifers liest man allerdings immer häufiger abenteuerliche Relativkonstruktionen:

Sie würde die Geschichte ihrem Liebhaber erzählen müssen, der ihre Brustwarze zwischen die Finger nehmen wollen wird ...

Hier werden zwei Wirklichkeiten zusammengepresst, die nicht zusammengehören. Die Tatsache, dass der Liebhaber ihre Brustwarze zwischen die Finger nehmen wird, ist kein Attribut, sie definiert den Liebhaber nicht, sondern sie ist ein **weiterführender Gedanke**. Dieser wäre in einem Satzgefüge, das zwei Hauptsätze verbindet, viel besser aufgehoben:

Sie würde die Geschichte ihrem Liebhaber erzählen und dieser würde ihre Brustwarze zwischen die Finger nehmen ...

Auch wenn Schiller schreibt:

Seine Augen suchten Biondello, den er herbeirief.

sind derartige Montagen Stilbrüche, die mitunter unfreiwillig komisch wirken, und sollten sehr kalkuliert eingesetzt werden.

Wie finde ich einen Verlag?

Ist der Text fertig, beginnt die Verlagssuche. Um sich dabei nicht sinnlos zu verausgaben und vor allem, um sich unnötige Enttäuschungen und Frustrationen zu ersparen, sollte man sich ein wenig mit der österreichischen und bundesdeutschen Verlagslandschaft beschäftigen.

Verlag ist nämlich nicht gleich Verlag. Um sich auf dem Markt zu behaupten, muss jeder Verlag ein markantes Profil entwickeln, sich gegen seine Mitbewerber abgrenzen und mit seinen Produkten für den Konsumenten und den Buchhandel deutlich erkennbar sein. Der Autor sollte also einen möglichst unvoreingenommenen Blick auf das eigene Produkt werfen und sich überlegen, zu welchem Verlag es am besten passen würde. Einmal abgesehen vom Inhalt, hat der Text literarische Qualitäten oder handelt es sich eher um eine flott geschriebene, unterhaltsame Geschichte?

Prinzipiell muss man zwischen **Konzernverlagen** und **unabhängigen Verlagen** unterscheiden. Konzernverlage wie zum Beispiel *Bertelsmann* sind Teil großer Medienunternehmen, die außer Büchern auch noch Fernsehen, Radio, Zeitschriften und Dienstleistungen anbieten. In den Achtzigerjahren des vorigen Jahrhunderts haben die Konzerne begonnen, kleinere Verlage (zum Beispiel *Luchterhand*) aufzukaufen. Diese werden zum Teil als **Inprint** mit nach wie vor erkennbarem eigenem Profil weitergeführt. Wenn man sich über die Eigentumsverhältnisse eines Verlags informieren will, muss man einen Blick ins **Impressum** werfen. Da steht zum Beispiel: © *Luchterhand in der Verlagsgruppe Random House.* Der Vorteil dieser Fusionen besteht für die kleinen Verlage unter anderem in einer gemeinsamen Marketing-, Werbe-, und Vertriebsabteilung.

Daneben gibt es auch unabhängige Verlage. In der BRD sind das zum Beispiel *Suhrkamp, C. Hanser, Wagenbach, Matthes & Seitz*. Sie sind an keinen Konzern gebunden. In Österreich gibt es ausschließlich unabhängige Verlage, mit Ausnahme von *Zsolnay* – und bis vor Kurzem auch *Deuticke* –, der ein Inprint des bundesdeutschen Verlags C. Hanser ist. Viele deutsche, österreichische und Schweizer Verlage haben sich zu dem Label **indibooks** zusammengeschlossen.

Es versteht sich von selbst, dass Konzernverlage auf gut verkäufliche Produkte setzen, die sie mit ihrem gewaltigen hauseigenen Werbeapparat auch hervorragend an den Mann und an die Frau zu bringen verstehen. Auch die großen Buchhandelsketten spielen mit: Blockbuster werden immer deutlich sichtbar neben dem Eingang positioniert.

Angesichts der aggressiven Konkurrenz haben auch die unabhängigen bundesdeutschen Verlage ihr Programm spürbar verändert: Auch sie sind Wirtschaftsunternehmen, auch sie müssen auf die Verkäuflichkeit der Produkte achten.

Österreichische Verlage haben es da vergleichsweise gut: Dank einer nach wie vor funktionierenden staatlichen Verlagsförderung (und auch Autorenförderung) können sie es sich leisten, auch Texte zu veröffentlichen, von denen wahrscheinlich nicht 50.000 Exemplare oder mehr, sondern vielleicht nur 3.000 oder manchmal auch nur 1.000 Exemplare oder weniger über den Ladentisch gehen.

Bevor man sein Manuskript an einen Konzern- oder an einen großen bundesdeutschen Publikumsverlag schickt, sollte man sich die Frage stellen: Hat mein Text das Zeug zum Bestseller oder auch nur zum gut verkäuflichen Produkt? Wobei die Verkäuflichkeit ja nicht unbedingt im Fehlen literarischer Qualitäten besteht. Gut verkäufliche Produkte sind oft handwerklich sehr gut gemacht, rasant und spannend geschrieben und auf die Bedürfnisse eines speziellen Publikums (Stichwort „Chick-Lit") zugeschnitten.

Aber auch österreichische Verlage unterscheiden sich aufgrund ihres Profils: Manche fühlen sich noch immer einer sprachexperimentellen, avantgardistischen Literatur verpflichtet, manche setzen auf gehobene Unterhaltungsliteratur, andere auf junge Autoren und Autorinnen.

Für einen Autor auf der Suche nach einem Verlag empfiehlt es sich daher, sich das jeweilige Verlagsprofil genau anzusehen, vielleicht auch ein paar Bücher des jeweiligen Verlags zu lesen und dann zu entscheiden, wo das eigene Manuskript am besten hinpasst.

In der Regel sind für einen angehenden Autor die Chancen bei einem kleinen, mittelständischen österreichischen oder auch bundesdeutschen Verlag größer als bei einem großen deutschen Publikums- oder gar Konzernverlag. Im besten Fall wird ein Autor aufgrund einer Veröffentlichung in einem kleinen Verlag von einem größeren, renommierteren entdeckt und abgeworben.

Ein Verlag, egal ob groß oder klein, prominent oder nicht, ist dann gut, wenn er drei Kriterien erfüllt:

Er sollte 1) über ein gutes Lektorat verfügen, beziehungsweise das Manuskript sorgfältig durchlesen und dem Autor keine Fehler durchgehen lassen.

Er sollte 2) den Autor (im Rahmen seiner Möglichkeiten) öffentlich sichtbar machen, indem er das Buch in den Medien bewirbt und sich um Rezensionen und Lesungen kümmert.

Und er sollte 3) einmal im Jahr eine Abrechnung präsentieren.

Bevor man einen Verlags- bzw. Autorenvertrag abschließt, sollte man ihn sehr genau lesen und sich gegebenenfalls von Kollegen, Autorenorganisationen oder von einem Anwalt beraten lassen.

Manchmal ist man als Autor in der ersten Reihe eines kleineren Verlags besser aufgehoben als in der fünften eines großen, renommierten.

Immer mehr angehende Autoren hoffen auf die Vermittlung durch **Agenturen.** Dabei sollte man bedenken: Agenturen sind im Grunde nichts anderes als outgesourcte, für Akquise und zum Teil auch Lektorat zuständige Instanzen der Verlage. Ein Manuskript, das auf dem Markt oder bei einem gewissen Verlag keine Chance hat, wird auch mithilfe einer Agentur keine Chance haben, wahrscheinlich von der Agentur gar nicht angenommen werden. Außerdem sollte man sich vor Augen halten, dass Agenturen am Gewinn beteiligt sind. Wenn die Auflage eines Buches wahrscheinlich nicht höher als 1.000 Stück ist, lohnt sich der Vermittlungs- und Lektoratsaufwand für die Agentur nicht.

Im Internet lässt sich leicht recherchieren, welche (guten) Autoren von (guten) Agenturen vermittelt wurden. Auch in diesem Bereich sollte man vorab herausfinden, ob eine Agentur eher literarische oder belletristische Produkte vertritt. Vermeiden sollte man auf jeden Fall, sich irgendeine Agentur aus dem Internet herauszufischen, auch wenn diese große Versprechen macht: Unter Umständen wird das Werk gar nicht vermittelt, der Autor hat jedoch die Rechte daran vergeben.

Dasselbe gilt für sogenannte **Selbstkostenverlage,** die das Manuskript nur drucken und dafür Geld verlangen. Manche Autoren und Autorinnen begnügen sich mit dieser Dienstleistung, weil sie ihr Manuskript unbedingt gedruckt haben und das Buch im Freundes- und Bekanntenkreis verteilen wollen. Tantiemen bekommt man allerdings keine. Auch haben diese Bücher im professionellen literarischen Betrieb keine Bedeutung. Sie liegen nicht in Buchhandlungen auf, man muss sie selbst vertreiben, sie werden nicht besprochen und – zumindest in Österreich – bei Preis- und Stipendienvergaben nicht berücksichtigt. Allerdings bleiben die Rechte zumeist bei den Autoren. Dasselbe gilt für Bücher, die im **Selbstverlag** erscheinen.

Beim **Book-on-demand-Verfahren** wird ein digitaler Datensatz erstellt, der nach Bestellung – unter Umständen auch eines einzigen Exemplars – ausgedruckt wird. Auch hier gilt, dass sich die geringe Qualitätskontrolle auf die Reputation auswirkt.

Verlage erhalten je nach Größe und Prominenz Hunderte, wenn nicht gar Tausende Manuskripte pro Monat. Die Chance, aus dem Haufen der eingesandten Manuskripte herausgefischt zu werden, ist sehr klein. Um diese Chance zu erhöhen, sollte man kontinuierlich auf sich aufmerksam machen: durch Publikationen in Literaturzeitschriften, durch Auftritte bei Literatur-Wettbewerben, durch Teilnahme an Ausbildungen und Seminaren, in der Hoff-

nung, dass man dort einem Schriftsteller oder Lektor auf-
fällt und von ihm weiterempfohlen wird. Verlage haben
trotz allem einen großen Bedarf an Erfolg versprechen-
den Manuskripten und sind immer auf der Suche danach.
Ein wirklich gutes Manuskript ist tatsächlich noch nie in
der Lade liegen geblieben ...

Nützliche Adressen

Lehrgänge:

Österreich:

Leondinger Akademie für Literatur
https://www.literatur-akademie.at/lehrgang.php

Schreibwerkstatt Waldviertel
https://www.schreibwerkstatt.at

schule für dichtung
https://www.univie.ac.at/doml/drupal/content/schule-für-dichtung

Universität für angewandte Kunst Wien
https://www.dieangewandte.at/institute/sprachkunst

Deutschland:

Bayerische Akademie des Schreibens
https://www.literaturhaus-muenchen.de/akademie/

Deutsches Literaturinstitut Leipzig
https://www.deutsches-literaturinstitut.de

Literaturinstitut Hildesheim
https://literaturinstitut-hildesheim.de/studium/

Schweiz:

Schweizerisches Literaturinstitut
https://www.hkb.bfh.ch/de/schweizerisches-literaturinstitut/ueber-das-schweizerische-literaturinstitut/

Informationen zu Preisen, Förderungen und Stipendien:

Uschtrin, Sandra | Küspert, Michael J. (Hrsg.): Handbuch für Autorinnen und Autoren. Informationen und Adressen aus dem deutschen Literaturbetrieb und der Medienbranche, Uschtrin, zuletzt 8. Auflage 2015

Autorenwelt

https://www.autorenwelt.de

Autorensolidarität

http://www.literaturhaus.at/index.php?id=9901

Bundeskanzleramt der Republik Österreich

https://www.kunstkultur.bka.gv.at/ausschreibungen-kunst

Autorenverbände und Interessenvertretungen:

Interessengemeinschaft Autorinnen Autoren

http://www.literaturhaus.at/index.php?id=9736

Grazer Autorinnen Autorenversammlung

http://www.gav.at

Literar-Mechana

https://www.literar.at

Freier Deutscher Autorenverband

https://fda.de/index.php

Weiterführende Literatur (Auswahl)

Barthes, Roland, Die Vorbereitung des Romans, edition suhrkamp, 2008

Flaubert, Gustave, Briefe. Hrsg. von Helmut Scheffel, Diogenes, 2005

Franzen, Jonathan, Are we feeling better now? Fiktion und
Autobiografie, Swiridoff, 2010

Freytag, Gustav, Die Technik des Dramas, Autorenhaus, 2012

Frisch, Max, Schwarzes Quadrat, Suhrkamp, 2008

Gesing, Fritz, Kreativ Schreiben. Handwerk und Techniken des
Erzählens, Dumont, 2008

Highsmith, Patrica, Suspense, Diogenes, 2013

Kafka, Franz, Über das Schreiben. Hrsg. von Erich Heller und Joachim
Beug, Fischer, 1983

King, Stephen, Das Leben und das Schreiben, Heyne, 2011

Krechel, Ursula, In Zukunft schreiben. Handbuch für alle, die
schreiben wollen, Jung und Jung, 2004

Ortheil, Hanns-Josef, Mit dem Schreiben anfangen. Fingerübungen
des Kreativen Schreibens, Duden, 2017

Steele, A. (Hrsg.) | Carver, Raymond: Creative writing. Romane &
Kurzgeschichten schreiben, Autorenhaus, 2016

Stein, Sol, Über das Schreiben, Autorenhaus, 2015

Toussaint, Jean-Philippe, Die Dringlichkeit und die Geduld,
Frankfurter Verlagsanstalt, 2012

Vargas Llosa, Mario, Briefe an einen jungen Schriftsteller, suhrkamp
taschenbuch, 2004

Wood, James, Die Kunst des Erzählens, Rowohlt, 2013

Drehbuch

Field, Syd, Drehbuchschreiben für Fernsehen und Film. Ein Handbuch
für Ausbildung und Praxis, Ullstein, zuletzt 2007

McKee, Robert, Story. Die Prinzipien des Drehbuchschreibens,
Alexander Verlag, zuletzt 7. Auflage 2011

Schütte, Oliver, „Schau mir in die Augen, Kleines". Die Kunst der Dialoggestaltung, UVK, 2016

Vogler, **Christopher**, Die Odyssee des Drehbuchschreibers, Zweitausendeins, 1998

Die AutorInnen

Karin Fleischanderl, geboren 1960 in Steyr, studierte Italienisch und Englisch am Dolmetschinstitut und am Institut für Romanistik in Wien, wo sie als Übersetzerin und Publizistin lebt. Sie hat mehr als 100 Titel aus dem Italienischen und Englischen übertragen, 1995 den *Österreichischen Staatspreis für literarische Übersetzung* und 1998 den *Nossack-Akademie-Preis für Dichter und ihre Übersetzer* erhalten. Zahlreiche *Lehraufträge* führten Karin Fleischanderl an die Universitäten Salzburg und Klagenfurt und an das *Institut für Sprachkunst* an der Universität für angewandte Kunst Wien. Gemeinsam mit Gustav Ernst gründete sie 1997 die Zeitschrift *kolik,* ein Forum für junge, vor allem österreichische Literatur, 2005 den Schreiblehrgang *Leondinger Akademie für Literatur*. Als Literaturkritikerin ist sie regelmäßig für *kolik* und den ORF tätig, 2009/2010 war sie Jurorin bei den *Tagen der deutschsprachigen Literatur* in Klagenfurt. Karin Fleischanderl ist Mitglied des *Literaturbeirats* des BKA (Kultur), war mehrmals Mentorin im Rahmen des BKA-Mentorenprogramms. Seit 2017 ist sie Intendantin der *Literaturtage Steyr*. Zahlreiche Publikationen, u. a.: *Des Kaisers neue Kleider,* Schreiben in Zeiten der Postmoderne, 1994, *Zum Glück gibt's Österreich* (hrsg. gemeinsam mit Gustav Ernst), Anthologie junger österreichischer Literatur, 2003, *Vom Verbot zum Verkauf,* Aufsätze zur Literatur, 2010, *Verspieltes Italien,* Essays zur italienischen Literatur, 2012.

Gustav Ernst, geboren 1944 in Wien, studierte Philosophie, Geschichte und Germanistik und lebt als freier Autor in Wien. Aus seiner Feder stammen zahlreiche Romane (u. a. *Einsame Klasse,* 1979, *Frühling in der Via Condotti,*

1987, *Grado. Süsse Nacht*, 2004, *Beste Beziehungen*, Haymon, 2011, *Grundlsee*, Haymon, 2013, *Zur unmöglichen Aussicht*, Haymon, 2015) und Theaterstücke (u. a. *Ein irrer Hass*, 1979, *Tausend Rosen*, 1990, *Faust*, 1997), die am Wiener Volkstheater, an Wiener Off-Bühnen, an deutschen Theatern, am Amsterdamer Theater De Trust sowie im Rahmen des Brüsseler und Holländischen Theaterfestivals aufgeführt wurden. Gustav Ernst schrieb Drehbücher für Kinofilme (u. a. *Exit – nur keine Panik, Herzklopfen, 1000 Rosen*), war von 1970 bis 1996 Mitherausgeber der Literaturzeitschrift WESPENNEST und ist seit 1997 Mitherausgeber der Zeitschrift *kolik. zeitschrift für literatur* und seit 2014 der Filmzeitschrift *kolik.film*. Er ist Mitbegründer der GRAZER AUTORENVERSAMMLUNG (1974) und des DREHBUCH FORUM WIEN (1989) und war als Filmdramaturg und als Leiter von Drehbuch- und Dramatikerworkshops in Wien, Salzburg, Berlin und Krakau tätig. Darüber hinaus ist Gustav Ernst Mitbegründer der *Leondinger Akademie für Literatur* (2005), Lehrbeauftragter am Institut für Sprachkunst an der Universität für angewandte Kunst in Wien und Leiter diverser Literaturworkshops (u. a. in der *Schreibwerkstatt Waldviertel*). Er erhielt zahlreiche Auszeichnungen, u. a. 1999 den *Brüder Grimm Preis* (Berlin) und 2013 den *Preis der Stadt Wien für Literatur*.